이 책을 ____________ 하는

____________님께 드립니다

드리는 이 ____________

조 화 훈
두번째 시집

그대를 위하여

아트텍

작가의 말 中에서

... 참으로 긴 세월 우리 인류는 지배자로 부터 삶을 강요당하는 비극의 역사를 마감하고 잠시 자유와 재량을 얻은 국민의 방종으로 자만의 덫에 걸려버린 우리와 아직도 자유를 얻지 못하는 인민이 살아 쉼쉬는 참담한 공간을 줄다리기 하는 안타까운 현실에서 우리는 뭔가 새로운 마음의 준비가 필요한 때라고 봅니다. 소신껏 살아온 삶의 결과가 IMF라는 덫에 걸리고만 세기말의 비극적 상황에서 탈출하기 위하여 이제 우리는 스스로 돕는다는 각오로 역사적 주인공이 되어야 한다고 생각합니다. 고난의 천년을 마감하고 희망의 2천년을 맞이하는 우리 스스로가 이제 우리를 구할수 있는 역사의 주인공임을 깨달아야 할 시점에 도달했다고 봅니다.

새역사를 일으켜 세울 그대를 위하여 여기 조그만 제 마음의 약초를 정성으로 묶어사오니 부디 보약으로 쓰시기 바랍니다.

그대를 위하여 거대한 우주 전체가 총동원된 상황을 자부심으로 이해하시고 그대 이제는 용기를 내어 이 나라를 구하고 민족의 화해를 주선하는 힘찬 삶의 주인공이 되시기를 간절히 기원하는 바람입니다.

목 차

4월 피어나는 꽃처럼

5월 싱그러운 삶

6월 그대를 위하여

7월 구름속에 가린 그대

8월 태풍노도

9월 영글어 가는 우주

10월 그대 있음에

11월 영혼의 길

12월 인동초 피는날

1월
아름다운 사랑

- 始 여는시 : 그대를 위하여(I)
- 氣 21세기를 열며
- 水 사랑을 위하여
- 木 사랑의 꿈
- 火 사랑을 불태우며
- 土 사랑으로
- 金 아름다운 사랑

始

여는시

그대를 위하여(I)

그대의 새날을 위하여
오늘 태양이 밝게 솟아 오르고
이 아침이 더욱 상쾌합니다

그대의 사랑을 위하여
풍성한 아침 식탁이 마련되고
아름다운 사랑이 열리고 있습니다

그대의 삶을 위하여
땀흘려 일할 일터가 바쁘고
보람찬 인생 설계도가 펴집니다

그대의 꿈을 위하여
슬기로운 겨레 활기찬 국가
바쁜 사회의 벗들이 기다립니다

그대의 건강을 위하여
바다가 고요하고 산이 자애로우며
벌판이 풍요롭고 강물이 평화롭습니다

始

그대의 진실을 위하여
지구는 쉬지 않고 태양을 맴돌고
시계는 지금 2천년을 시작하고 있습니다

그대의 원대한 포부를 위하여
황금의 시간이 마련되고
열린우주는 팽창을 계속하고 있습니다

이제 새날을 맞아 삶을 키우고
건강과 진실로 꿈같은 사랑을 얻어

그대 안의 그대를 위하여
사랑스러운 자신을 만들어
원대한 포부를 실현하소서.

氣

21세기를 열며

오늘은 서력기원 2,000년 1월1일
20세기가 가고 21세기가 문을 열었다
구약으로 허비한 4천년 세월을 고쳐
신약으로 약속한 2천년 지금 이시간
새로이 천년왕국이 우리 세대에 열리는가

6천년의 모순을 잠재우고
완성된 천년의 복된 시대를 누가 여는가
그대를 위하여 새 천년의 서막이 오르고 있다

그대는 지금 6천년의 업보를 걸치고
완성된 7천년을 마무리 하기 위하여
새 천년의 길라잡이가 되어 가고 있다

침울하고 어두웠던 여섯마당이 닫히고
이제 결실의 일곱마당이 열리고 있으며
시작도 끝도 없는 시간을 토막쳐
성인의 생일을 기념하여 2천년 이라고
금을 긋는 것은 한울안에 인간들이
허공에 거미줄을 치고 별똥별을 담으려는 것

당신을 위하여
새로운 밀레니엄이 열리고

氣

지금 그대의 가슴은 부풀어 오르고 있습니다

이제 새 천년을 맞이 하여
그대의 위대한 노력으로 새 장을 열어

시련과 격동의 나날로 점철된 20세기
희망과 보람의 미래를 꿈꾸는 21세기
그대 삶의 질을 향상시킬 문화를 열고
갈라진 겨레의 새삶을 위한 민족통일과 화합

국가의 경쟁력을 한껏 높이고
그대여 이제 천리길을 한걸음 부터 딛으소서

이제 그대여
첫발을 힘차게 내딛고
주변에서 벗어나 중심이 되시고
중심에 한문화를 꽃 피우시고

한반도를 중심으로
세계의 문화가 꽃피우고
그대를 중심으로 가정이 화목하고
아름다운 자연속에 행복한 인류의
오랜 소망인 자유와 평등이 평화를 열게 하소서.

水

사랑을 위하여

사랑을 위하여
생명의 오랜 투쟁이 잠들었고
사랑을 위하여
남녀가 따로 태어났으며
사랑을 위하여 하늘과 땅이 갈라졌다

혼자서는 할수 없는 외로운 사랑
그대를 생각하는 그리운 사랑
그대없는 사랑은 사막에서 모래를 헤는 것

그대와의 사랑을 위하여
외로운 세상에 태어나
지루한 나날을 새는 동안
그대는 나와의 사랑을 위하여
위대한 탄생으로 세상을 열었구나

水

이제서야 사랑이
우리모두의 것임을 알았을 때는
너무도 짧은 순간을 스치고
우리는 사랑의 보금자리를 떠나
또다시 다른 곳를 향하여
홀연히 딴세상으로 각자 떠나야 하다니

사랑을 위하여
이다음 아름다운 사랑을 위하여
또다시 영겁의 기나긴 세월을
기다려야 하다니

짧은 오늘 하루의 사랑이여
영원까지 이어 지소서.

木

사랑의 꿈

하늘에는 영롱한 별빛이 숨어 있었어요
창공에는 아련한 무지개가 휘어져 있고
푸른 바다에는 사랑의 꿈이 넘실거리고
조용한 섬하나 그림같은 사랑이 잠들고

깊은산 바위틈 벌집에는 꿀이 채워지고
총각 나뭇짐 속에는 잘익은 산머루가 매달리고
섬처녀 바구니엔 푸른 사랑의 꿈이 담겨있어요

고향의 밤은 그냥 밤이 아니예요
개구리 왕왕대는 논둑가엔 네잎크로바가
달빛에 수줍어 님께서 찾아줄날 기다리며

木

자작나무 우거진 조용한 숲속에선
푸른 사랑의 꿈을 남긴 사연이 담겨있고
구름뒤에 숨은 달이 하염없이 걸쳐있어

나누어 주어도 아무리 많이 나누어 주어도
주고도 또 남아있는 사랑의 꽃바구니 속에
아직도 수줍어 손을 내밀지 못하는 짝사랑의
애틋한 사랑의 밀어가 혼자 숨어 있어요

입으로는 말하지 못하고
손을 벌려 끌어 안지도 못하는
이 젊은 청춘의 사랑의 꿈을
누가 깨어 줄수 있나요.

火

사랑을 불태우며

마른 대지엔 가뭄이 계속되고, 들불이 산불이 되고, 산자락
휘돌아 불길이 번지고 휴전선 일대는 정적이 감돌고 있습니다

벌집이 타고 새들의 보금자리도 함께 타고 비둘기 집에도 불이
붙었읍니다 찬바람에 세찬 바람은 무서운 불길을 몰고 멋데로
번지고 있습니다.
아무도 불을 끄지는 못하고 있습니다.

모두가 떠난자리엔 불길이 번지고 있습니다.
아직도 떠나지 못하는 할아버지 묘만 남아 시꺼멓게 타서 백발이
까맣게 얼기 모자를 쓰고 있습니다.

모든것이 다 타고 있습니다. 메마른 강산엔 씨뿌릴 사람도 떠나가고,
김멜 처녀도 떠나간 자리 그자리엔 아무도 끄지 못하는
사랑의 모닥불이 산야에 조용히 그냥 타고 있습니다.

사랑을 불태우며 함께 살자던
굳은 언약은 사라지고
눈과 귀를 모두 빼앗긴 머저리들이
지금 우리의 산천을 불지르고 있습니다

정신마져 불타버린
가련한 사람들만 남아 있습니다.

土

사랑으로

성난파도, 분노의 화살, 질시의 시선, 괴로운 심정, 처절한 절망, 허망으로 점철된 야망, 쓰라린 보람, 일그러진 포부, 쓰러진 초가 삼간, 간장색이 되어 버린 샘물, 터져버린 저수지, 철새 못오는 강변, 타들어간 농토, 침묵의 땅, 져버린 사랑,

징검다리 개울물, 송사리잡던 웅덩이, 풀숲 우거진 산길, 종다리 나르던 창공, 소나기 피하던 좁은 처마밑, 토끼몰던 뒷동산, 뻐구기 화답하던 강촌, 물새우는 시냇가 덤불숲, 홀로 걷던 오솔길, 그네타고 싶은 초생달, 앵두나무 우물가.

사랑으로 채워지던 가난하던 시절이 모두가 지나가 버린 추억의 호수속에 잠들고, 떠나간 그자리엔 뎅그란히 그리움만 남아 있어 오늘도 가보지 못하는 고향 산천 그곳에도 사랑으로 다져진 오솔길이 남아 있을까

土

돌아오라 그대여
돌아오라 사랑이여
이제는 사랑으로 감싸줄
너른 마음 키워 세월을 곱씹어도
못오는 그 옛날은
그림자 속에 숨어 버린
한줄기 가냘픈 꿈이런가

그대여
이제
사랑으로
추억의 오솔길을 거닐어 보자

떠나버린 그대
달빛에 가려진 옛사랑
사랑으로
되살아난 우리만의 행복!

金

아름다운 사랑

사랑이
아름다운 줄 모르는 사람 있나요
그대여
아름다운 사랑의 행복에 젖어 보셨나요
왜 사랑은
아름다움으로 배부르지 못하고 스치는 바람일까요
사랑은
잡히지 않는 무지개로 색동옷을 입고
정색하고 바라보지 못하는 수줍음으로 남으며
깊은 밤으로도 재우지 못하고
은하수 큰 그물로도 사로 잡지 못하는 은밀한 비밀인가요

아름다운 사랑은
슬픈 사랑의 눈물을 흘리고
아픈 이별의 고독에 흐느끼며
못다한 사랑에 안타까워 긴밤을 지새우고
새벽 섬광처럼 순간에서 영원으로 사라집니다

金

그대의 아름다운 사랑은
찰라에서 영원으로 이어지는 유성이며
짜릿한 충동으로 천지가 진동하는 감동이며
책임과 의무로 여물은 늦가을의 조롱박이며
우주를 움직이는 원동력이련가
저토록 아름다운 사랑에 취해
이토록 머나먼길 별빛처럼 잠드네.

2월
우리라는 울타리

氣

착각을 위하여

위대한 착각을 위하여
수많은 사람들이
공을 드리고 정성을 다한다

공양미 300석을 바치고
천국행 예약을 위하여 헌금하고
來世를 위하여 現世를 소모한다

착각속에 안주하기 위하여
위대한 사람들이
사상과 철학 그리고 종교를 만든다

아첨과 뇌물이 야합하고
언론과 여론에 놀아나며
승부를 걸고 인생을 저당 잡힌다

착각속에 안주하는 사람들은
자아를 최면상태에 두고
영원히 깨어나기를 거부한다

영생불멸 극락왕생 천상천국 유토피아 미륵세상 정토불국 민주주의 복지국가 혁명완수 개혁실현 권력쟁취 정의사회 천년왕국 무병장수 장수만세 군자지국 신선세상

위대한 사람들이 세워준
위대한 착각의 수렁에 메몰된
선량한 생명들은 앞을 다투어
깊은 착각의 미망으로 함몰된다

어제도
오늘도
그리고 내일도

착각에서 깨어난 자들의 방황은 비극이다.

水

우리로 인하여

우리로 인하여 세상이 열리고
쓸만한 벼밭은 아파트 숲으로
맑은 물은 새까만 폐수로
목이긴 철새는 독살되어 뻗어간다

우리로 인하여
북풍이 불고 허리가 동강나고
전쟁의 소모품으로 생명을 소비하고
삶의 터전은 폐허되어 고아를 양산한다

우리로 인하여
물고기 죽어가고 바다가 오염된다
강물이 하염없이 대지를 원망하며 도망가고
생태계는 파괴되어 자연은 묵묵히 복수한다

水

우리로 인하여
달님이 흐려지고 햇님조차 슬퍼운다
밤하늘의 별조차
은하수 자락으로 숨어든다

우리로 인하여
금수강산은 처량하고
신은 인간을 사랑하사 죄악을 사해주고
인류는 지구를 망쳐 우주에 탐사선을 띄운다

우리로 인하여
병들어 죽어간 원혼은
복수의 화신되어
천배만배 갚아주고 환하게 미소짓는다.

木

나라와 겨레와 우리

나라는 일백수십개로 나눠지고
겨레는 세월속에 혼재하여 시들어가고
우리는 하나되어 생사고락을 함께하여

싸우고 섞어지고 흩어지는 물처럼
나라와 겨레와 우리는 본디 하나였다

나라는 동강나고
겨레는 숨을 죽이고
우리는 콩가루되어

벼려진 농토에는 잡초무성하고
피묻은 산야는 무심한 세월에 묻혀
화해를 모르는 무리들은 이전투구로 해가 지고

木

불타는 산림 뜨거워진 바닷물
회오리 바람과 홍수와 가뭄이
나라와 겨레와 우리를 싸잡아 후려친다

인종청소를 하는나라
고토회복을 상속시킨 팔레스타인
크레욘으로 잘못칠한 태극기

유구한 역사와 전통에 빛나는
우리대한민국은
한민족 한겨레 한가족되어

이땅에서 영원토록 함께 하리라.

火

우리의 고민

그옛날 조상께서
떨고 주리고 빼앗긴 것이
우리의 서러움이 아니고

작금의 졸부들이
사치하고 낭비하고 교만하여
자원을 낭비하고 무한경쟁으로

무한도산이 흑사병처럼 번지고 있다

정치, 관료, 언론
대기업 그리고 배부른 군상들
총체적 난국에도 배는 산으로 올라가고

노아의 방주는 설원에 갇혀
먼훗날의 전설을 위하여 매몰되고
신선노름에 도끼자루는 썩어 가는데

火

철없는 아내들은 오늘도
무능한 사내들을 쥐어짜고
바지들은 집단으로 도적놈이 되어간다

서푼도 못되는 알량한
자존심으로 버티던 새가슴들은
조상의 묘역에서 집단으로 목을 메었다

새벽뺑소니 심야곤드레 부도사태 야반도주 부도어음
얌채변호사 고소득탈세 전관예우 승소사례 무전유죄
어린가장들 그늘진심성 학업포기 마약취미 집단혼숙

그믐밤 초생달 휴전선 호랑이 발자국
총없는 전쟁터 등골만 빼먹는 자본
빼앗긴 들에도 봄은 왔다 몰래 간 자리에
우리의 고민이 새싹처럼 고개를 들었다.

평화를 위하여

평화를 위하여
자유와 평등이
피눈물을 흘렸다

자유를 위하여
역사는 묵언의 세월 잠들고
평등을 위하여
값진 생명이 집단으로 도륙되고

위대한 생명의 댐엔
자유의 둑을 쌓으면 평등의 둑이 터지고
평등의 돌을 놓으면 돌밑의 돔이 죽는다

화폭에 평화의 댐을 쌓으니
평등의 눈물이 바다를 이루고
자유의 모래가 황사로 나른다

土

만리장성에 뼈를 묻은 백만의 농부
크메르에 나뒹구는 2백만의 킬링필드
대동아공영에 쓰러진 3백만 아세안
선민의식에 매몰된 6백만의 유태인

평등의 구호아래 소금에 절인 4천만의 눈동자
자유라는 모래로 튀어나온 빌딩의 콘크리트
신은 인간을 만들고 인간은 신을 위하여 죽어가는
인간이 세운 이데올로기의 성곽엔
풍장을 기다리는 독수리때의 눈동자들만 번득이고

한줌 단백질과
세치혀로 쌓은 모래성이 무너지고
짖이겨진 생명의 원혼들이 밤을 기다리는데
자유와 평등과 평화를 위하여
쓰러진 수천만의 생명들이
이밤도 칼가는 소리에 밤잠을 설친다.

金

선악을 먹고 사는

선을 먹고 사는 악
악으로 빛나는 선
선악의 굴레에서 때묻은 생명

선악의 강가에서
담금질 하는 생명의 눈동자

자기만을 위하여 악을 행하고
남을 위한 선이 난도질 당할때
두바퀴 선악에 실어 끌고가는
생명은 무엇을 얻으려 하느냐

모질고 질긴 주인
천연덕스럽게 악을 행하고
뻔뻔스럽게 포장하여
얄밉게도 잘사는 생명의 질량

金

生에서 命을 제하면 무선무악
생명에서 선악을 제하면 물질

무한히 베푸는 우주는 선
무한이 채우는 인간은 악
악으로 길러진 생명주머니는
죽음이라는 청산절차를 마치고

홀연히 떠날 때
생명은 선악의 독기를 풀고
눈내리는 산야로 구름되어 흐른다.

3월
생명을 위하여

氣

생명 이전

생명 이전에는 햇볕 찬란하고 달빛이 고요했습니다
생명 이전에는 하늘아래 풍요로운 땅이 잠잠했습니다
그때는 뜨거운 불길이 천지를 가득 메웠습니다
그리고 푸른 나무가 온 세상을 덮었습니다

수증기 식어 물이 되고
물가에 이끼끼고 나무가 자라고
생명이 하나씩 생겨나고
세상은 그저 아름답기만 했습니다.

나무자라 가지 부딪쳐 불이 생겨
산야를 모두 태우고 흙으로 되돌아 가고
몇번이고 세상은 평화로운 시간이 흐르고
진정한 평화가 오랫동안 이어져 왔습니다

하늘과 땅이 결혼하여
인간이 태어나고
인간은 자연과 더불어
조용히 살아가고 있었습니다

도둑도 싸움도 미움도 증오도 없이
법율도 국가도 문화도 종교도 없이
사상도 이념도 이데올로기도 전쟁도 없이
그들은 이웃과 더불어 그냥 살았습니다

생명 이전에는 변화가 번민을 대신하고
생명 이후에는 사랑이 증오를 잉태하고
소유가 갈등을 부르고 국가가 만리장성을 쌓고
평화가 전쟁을 부르고 선이 악을 만들며 살았습니다.
생명 이전에는 고요한 별빛이
온세상에 자비롭게 쏟아졌습니다.

水

생명의 찬란한 빛

생명의 찬란한 빛이 비추고
주변의 물질이 서로 합하고
무언가 서서히 밀고 당기어
그대의 조상이 태어 났습니다

축복의 생명 환희의 생명
영원한 생명 고귀한 생명
삶을 위한 성스러운 만남
그대 위한 자랑스런 인연

생명을 위하여 처절하게 희생된
착하고 고마운 먹거리가 되어준
고귀한 생명 귀중한 물질
변화무쌍한 조화도 그대위한 엔진

水

장대한 시간으로 무한한 우주에
그대위한 커다란 축복이 있어
찬란한 생명의 빛을 받으사
그대 지금 생명의 주머니 속에 살거늘

아름다운 생명이여 사랑하라
고귀한 생명이여 크게 베풀어라
가난한 영혼이여 우주를 숨쉬고
위대한 생명이여 이웃을 소중히 하라.

생명의 찬란한 빛이여
영롱히 빛나라 그대 머리위에.
새롭게 태어나라 더 큰 생명을 위하여
살다가 가더라도 서러워마라

새 생명을 위하여.

木

눈부신 햇살을 받으며

싱그러운 햇살이
머나먼 시공을 건너와
그대 머리위에 쏟아질때
그대의 열린 가슴으로 받으소서

나무처럼 자라나던 시절이
도마위에 난도질된 생선이
기둥으로 떠받치는 대들보를
그대의 따사로운 마음으로 세우소서

쏟아지는 우주의 빛
흘러가는 세월의 물
돌고도는 생명의 氣
아름다운 그대의 삶

木

눈부신 햇살을 받으며
가슴속에 묻어둔 사랑이
꽃처럼 피어나 별처럼 흐르고
눈처럼 흩날려 새처럼 나른다

님처럼 고와서 내맘에 머물고
돌처럼 무거워 산밑에 세우고
섬처럼 외로워 바다에 누웠네

빛나라 그대 마음에 세워진 名을
잠자라 그대 영혼에 아롱진 生을
키워라 그대 웅대한 미래의 꿈을
물오른 나무 망울진 한송이 꽃을 피워라.

눈부신 햇살을 받으며.

火

생명을 위하여

그대 한 생명을 위하여
억겁의 시간이 준비 하였으며
무한의 한울이 깊이 감쌌노라

그대 위대한 생명으로
별이 고요하고 햇볕 따사로와
맑은 물 흐르고 흰구름 흘러 흘러

하늘나라 은하수로 강보를 깔고
아람드리 산골짜기 벼게를 삼아
아름다운 강가에서 그대를 맞이하여
이 한 생명을 위하여 온세상이 잠을 깨네

비바람 구름 햇볕 달빛 별 바람
더위 추위 마르고 습하고 불별까지
지구와 태양과 우주가 총동원하여
한알의 곡식을 여물게 하여
그대 소중한 생명을 위하여
태고적부터 영원까지 준비하노니

火

하늘 위에서 땅아래 까지
그대 한 생명을 위하여
지금부터 영원까지 축복 있으라

그대의 생명이 귀하다면
이웃의 생명은 존귀하며
그대의 인격이 소중하다면
친구의 인품은 거룩하다

그대 한 생명을 위하여
천만가지 은혜로 베푸나니
자기의 생명이 소중하듯
남의 생명을 받들어 뫼시소서.

생명의 강가에서

생명의 강가에서
보았노라
돌맹이 사이로 솟아나는 새찬 힘을

생명의 강가에서
들었노라
악보없는 물소리가 생명의 음악임을

생명의 강가에서
느꼈노라
그대 내곁에 있어 행복한 나를

생명의 강가에서
마셨노라
감미롭고 향그러운 생명의 약수를

생명의 강가에서
키웠노라
그대의 따뜻한 품속에서 어설픈 이 생명을

생명의 강가에서
자랐노라
이토록 찬란한 축복을 받으며 이 생명이.

金

고귀한 그대의 생명

그대가 내곁에 있어
만물이 그대 위해 피어나고
농축된 생명이 씨앗속에 쉬고 있네

고귀한 생명으로 태어날
그대 위하여
혹독한 겨울 추위에도 참았으니

축복 받은 생명이여
소중한 그대여
너를 위해 모두가 있었노라

저문밤 하얀 달빛 멈춰버린
고난과 전쟁속에 잠든 영령
조국이 그대를 키웠노라.

金

그대 한 생명을 위하여
대자연의 거대한 조화가
마침내 큰일을 해냈구나

억겁의 시간 위에
한량없는 명을 더해
오늘 그대 탄생하니
우주의 생명 신비하고 고귀하여라.

그대 생명을 아끼고
남의 생명을 존중하고
사랑스러운 이웃을 소중히 받들면
더불어 사는 우리를 행복하게 하리로다.

4월 피어나는 꽃처럼

氣

피어나는 꽃처럼

눈내린 산야-얼어버린 호수-떠나버린 님
다가오는 한파-뒤덮은 먹구름-
식어버린 온돌-타버린 연탄 아궁이-텅빈 마을
슬픈 소울음소리-매달린 감

두꺼운 각질속에 숨어지낸 긴겨울
꽃씨는 외로운 봄을 기다리며
긴밤 음습한 세월을 이기고

봄비 내리고 따스한 햇볕 쏟아지니
두꺼운 각질을 벗고
대지에 햐름한 촉수를 뻗어

피리소리 들리는 곳으로
산새소리 들리는 곳으로 뻗어가자

강가에 푸짐하게 푸르름이 넘치고
두고온 산하에 고향내음 넘치니
타는 가슴 피어나는 꽃처럼 펼처라

氣

북극성 먼 빛이 여기까지
별밭을 헤치고 여기까지
타는 청춘아 뛰어라 피어나는 꽃처럼

대양을 건너서 강릉 오십천까지
찾아서 헤메어 올라온 연어는 돌뿌리 헤치며
피어나는 꽃처럼 처연하게 두고가라

백두산 넘어 금강산을 지나
휴전선 철책을 넘어서 찾아온 호랑아
피어나는 비무장지대를 으르렁 거려라

향기로운 그대 마음
피어나는 꽃처럼 곱다.

水

축복의 비가 내리고

메마른 입새
뜨거운 바위틈
황량한 산야에도
축복의 비가 내리고
생명의 물줄기들이 숨가쁜 계절

멍든 가슴 슬픈 사연
애태우는 기다림으로 흘러간 긴세월 지난후
사랑의 단비가 내리고 무지개 선명한 하늘
한줄기 빛으로 천년한을 풀고 남은 세월은 긴데

갈곳 잃고 헤메는 모진 생명이 남아
꿈도 희망도 저당잡힌 가혹한 시절
어두운 역사의 자루속에 삭아버린 조상의 혼령
지금 요동치는 맥박속에 살아 숨쉬는 기구한 생명의 빛

水

고난의 바위틈새에서 하늘만 바라보며
긴 터널을 막 지내고 나니 흔들리는 터널이 기다리고
응축된 이슬에 명운을 걸고 가지사이로 한줄기 빛을 모아
넘어지고 자빠질 듯 취하여 육신을 희롱하는 양심

이제 축복의 단비 내려 쓰라린 상처를 씻어주고
메마른 가슴 멍든 사연 사랑의 물안개 피어오르고
가혹한 시절에 절인 비린내 나는 소금으로 식욕을 채워
그대를 위하여 무심한 하늘이 열리고 긴고난 짧은 행복

까망시절, 빨간고난,
지친씨름, 고장난 비행기
축복의 비는 내리고
빗물에 넘친 개미굴의 아수라장.

木

꽃향기가 휘날리고

스치는 바람에 알몸으로
기다린 봄날이 찾아와
시원한 바람에 터트려라 한송이 꽃

다리가 없어 다가서지 못하고
입이 없어 부르지 못하는 그대
손짓도 못하는 애절한 이마음
한송이 환한 꽃으로 피어나

그향기 바람에 실어 보내
알리노니 그대여 내게로 와요
시절이 가기전에 약속해 주세요

대지위에 휘날리는 꽃향기 아름다워
산에 들에 사랑의 연가 울리고
4월의 축제엔 향연이 펼쳐지니
그대를 위하여 축복이 가득하여라

봄울려 여름 녹이고 가을추억 겨울에 감추니
오지 않는 님을 향하여 오늘도
타는 가슴으로 무심한 세월 눈물 흘린다

봄이면 튤립 마거리트 루피너스
아카시아 장미 애타는 해바라기의 여름
가을 코스모스 백일홍 쓸쓸한 길섶엔
포인세티아 에델바이스 기다리는 발자욱소리
무심하고 외로운 산정엔 남몰래 피고진 꽃의 한숨소리

젊은이여 나래를 펴라
사랑이여 아름다워라
고개숙인이여 새희망으로
꽃향기 휘날리는 아름다운 꽃길에서
사랑의 향기로 가득채워다오 피어나는 꽃처럼.

火

산 불

그렇게도 오랫동안
한줄기 물을 뽑아올려
한그루의 나무를 키우는데
개마고원에 시간이 나딩굴고

아침 이슬받아 목 축이고
가뭄 물싸움에 지치고
찬서리도 싸워 이긴 고난의 숲

들불이 번진 산야에는
논두렁에서 밭두렁으로
메마른 숲 듬성이로 번지고
낙엽 덤불이 타고 새집이 타고

묘소를 태우고
조상의 업적을 그을리고
칡넝쿨 마른 버섯 자생란도
비둘기 집까지도 모두타고

火

멧돼지가 튀고
노루가 도망치고
어떤 솔방울은 탄후에야
새명을 얻는 산불

배고픈 인민들이
모두 태워버린 바닥에는
철이른 고사리 솟아 주린배 채우고

검은재 바람에 휘날리는
검은 산등성이에는 서투른 푸픈 색깔이
간간이 한숨쉬고 검은 산은 말이 없다.

土

꽃씨를 심으며

아름다운 꽃들이 다 져버린 시절
뒤늦게 나마 꽃씨를 심어 본다

따뜻한 햇볕이 남아있고
주룩주룩 쏟아지는 빗줄기 아까워

해묵은 이꽃씨
새싹으로 돋아나고
파란 줄기가 자라나고 가지가 뻗어가고
꽃망울이 부끄러워 홀로 미소 지을때

찬바람아 불지마라
무서리야 내리지마라

고이자란 가냘픈 꽃대
사랑이 흐르고 청춘도 흘러
드디어 꽃봉오리 피어나

한떨기 아름다운 꽃으로
피어나라 곱게곱게

새생명을 위하여
새로운 꽃씨로 태어나라.

金

이꽃이 피기까지

이꽃이 피기까지
바람아 세차게 불어라
무서리야 넓은 들에 소금처럼 뿌려라

청춘아 힘찬 노래를 불러라
바람아 세차게 과거를 스치고
아가씨야 예전처럼 다소곳이 봄을 기다려다오

피어나는 꽃처럼
수줍은 가시내의 하얀꿈은
청바지 디스코에 탈색되고

한세월을 뛰어넘은 황홀한 바다위엔
삭풍속에 호화로운 요트가 구름같이 흐르고
바다밑엔 할머니 해녀가 가난한 미역을 뜯고 있네

金

구름아 흘러가라
바람아 불어다오
하늘은 또 아까운 햇별을 잃었구나

망울진 소복한 꿈 머금은
하얀 목련이 봄날을 기다리며
추운겨울 눈발에 발밑을 녹이며

흘리는 눈물, 의미없는 웃음, 버려진 청춘, 타버린 불꽃,
가버린 영혼, 흐르는 시내, 텅빈 내가슴,
꺼져버린 불꽃, 얼어버린 심정,
벼락친 바위
이 한송이 고운 꽃이 피기까지 너는
너무 오랜 방황의 터널을 걷고 있었지.

5월
싱그러운 삶

氣

탄생의 기쁨

깊은산
외로운 계곡에
웅덩이 속에서 지금 막
올챙이 한마리가 깨어났습니다
올챙이가 자라면서 꼬리가 짧아지고
뒷다리가 생겨나고 색깔이 검어진 개구리
개구리 잡아먹은 너구리 한 마리가 슬쩍 사라지니
나무하러 산에간 머슴이 굴에다 불을 놓아 너구리 잡아와
아비는 숫돌에다 칼을 갈아 너구리를 잡아 어미에게 약으로 먹여
해가 가고 세월이 흘러 둘째 딸이 탄생하니 온가정에 탄생의 기쁨가득
금줄을 치고 부정을 막아 액땜을 하고 궂은데 아니가고 조심하고
미역국 끓여먹고 3일을 누워 쉬니 논밭에 풀이자라 우거져서
부은 얼굴 고개숙여 호미들고 밭에 나가 김을 메고 가꾸어
부은 젖은 멘손으로 짜내어 그릇에 담아 내고 또 담아
우는 아기 처량하여 부은 젖을 참아 해넘어 돌아와
젖부리 입에 넣어 고픈배를 채워주니 벌컥대며
거침없이 젖을 빨아 배꾸리가 통통하게
실컷먹고 잠을 자니 꿈속에 아련히
전생의 밑그림이 완연하게 올라
얼음굴 가죽위에 나뒹굴던
에스키모 예닐곱식구
울고 있어 이제사
소식없던그딸
아 업고 나타나 기
엄마야 나
어저께
"낳다"
아기
또

흐르는 물처럼

자고나면 피어나는 꽃처럼
소리치면 돌아오는 메아리처럼
뻗어가는 청춘의 젊음이여
흐르는 물처럼 정답고 다정하며

만나면 다정한 친구처럼
떠나면 아쉬운 우정처럼
잠들면 꿈꾸는 낙원처럼
흐르는 물처럼 감미로워라

떠오르는 준엄한 태양처럼
달려가는 경춘선 추억처럼
굽이치는 준령의 계곡처럼
청춘을 구가하라 흐르는 물처럼

부끄러운 미소로 구름뒤로 숨는 달처럼
산허리 더듬으며 유유자적하는 안개처럼
생명의 환희가 넘치는 젊은 그대여
이밤이 새기전에 새날을 노래하라
피어나는 꽃처럼 흐르는 물처럼.

木

설레는 마음

이마음 설레어
봄비에 물오르는 소리 들리고
파릇한 가지위에 노란새 한마리 찾아와
사랑의 노래 불러주고 파란 하늘에 흰구름

설레는 이마음 두근거려
여름밤 천둥소리에 그대 음성 들리고
시원한 등성이에 부는 바람 그대 휘파람 속삭임처럼
그대 부르는 소리 번개타고 지구를 몇바퀴 돌고돌아 귓전에 맴돌고

행여 그대 오시려나 설레어
가을 벌판에 곡식들이 고개 숙여 길열어
황금들판에 웅장하게 들리던 징소리는 아물거리고
금의환향 하신다는 내 님이 오시는 길가에 코스모스 피었는데

아 내님은 이마음 설레게 하고
낙엽지고 찬바람 불고 흰눈이 산천을 덮어
병풍같은 산자락 서산마루 빛바랜 석양이 낙조로 지고
설레다 지나가는 한해가 못내 아쉬워 내쉰 한숨 눈이되어 내리네

아직도 기다리는 외로운 별이여
이밤을랑 내품에 들어 고이 한잠 쉬어가오.
그때 처럼 설레는 이 마음.

火

격 정

요동치는 심장 불타는 청춘
붉은 깃발 동여맨 머리띠
호연지기로 퍼붓는 술잔
거리를 뒤덮은 파란연기
의지에 불타는 피끓는 용광로

넓은 바다여 깊은 심연이여
격한 파도여 험악한 준령이여
젊음의 열정에 녹아버린 시간이여

터지는 열정으로 우루루 몰려 나가
젊은 함성으로 늙은 고막을 찢고
역사를 위한 답시고 생명를 짓밟고서

못이룬 사랑이 원한되어 격정이 끓어 오르고
썩은 새끼줄로 잠자는 사자를 옭아메고
고래를 잡아 술안주 하겠다던 기개는 어디가고
일자리 못구해 하루해를 터벅거리는 군상아

4.19의 함성이여 5.18의 분노여
6.25의 절규여 12.3의 IMF여
분노를 삭이는 신세대 한표여
찢어진 가죽을 꿰메는 동포여
새술을 새 부대에 담아보라.

土

삶이 있기에

전신주 사이로 까치가 둥지를 틀고
호텔 로비에 멧돼지가 뛰어들고
잘익은 과일마다 산새들이 찍어대며

쓰레기장에 갈메기떼가 몰려들어
무심한 묘역에 칙넝굴이 금을 긋고
산비탈 옥수수밭엔 진딧물이 진을치고
토담구멍으로 하얀뱀이 번개같이 사라지고

갯벌속에 숨어사는 야무진 놈들
물마른 웅덩이에 송사리떼 올챙이들
밤이면 쌍눈 밝히는 수리부엉이 달밤에
잔가지 검은 어둠속에서 절규하는 쓰르라기
하수구 빠져나와 쓰레기통 뒤지는 종묘 너구리

오토바이 폭주족으로 놀란시선 괴로운 청각
빨간불과 파란불에 충혈된 증권 시세판의 눈동자
마감시간에 쫓기어 어음들고 뛰는 자금당당 직원들
IMF 한파에 기죽은 사장님들
외상이면 소도 잡아먹던 어르신 하신말씀

하늘은 스스로 돕는자를 돕는단다.

金

내일이 있기에

꿈과 낭만의 5월의 하루해가 부족하여 캠퍼스 잔디밭엔
삼삼오오 대화 꽃이 만발하고 축구장 농구장 연못가에도
푸른 꿈을 꾸는 젊은이의 푸른 꿈이 넘치는 활기찬 오월.
내일을 향한 왕성한 혈기로 지축을 흔들며 창공을 향하여
푸른 꿈을 띄워보내는 원동력의 소유자들만의 오만과 각오로
뭉치고 부딪치고 내달아 내일을 위하여 오늘이 있기에
좌절하지 않고 굳굳하게 펼치는 젊은이의 용기여!

꿈이 있기에 내일이 있기에
오늘의 번민을 잠재우고
격렬했던 하루가 성숙으로 저물고
텅빈 공장터엔 잡초가 우거지는데
배낭메고 타랍을 오르고 창공을 나르고

이한날 푸른꿈은
피기도 전에 한파에 밀려
보금자리 속 알에서 깨어나다
그만 얼어버린 생명을 안타까워하며
떠오르는 붉은해를 바라보는 보라매의 시선

金

천만의 서로 다른
희망과 욕망이 어우러져
깊은바다에서 솟아오르는 태양처럼 한데
어우러져 금강산 한강이 병풍처럼 둘려지고
용솟음치는 겨레의 웅지가 새날을 약속하네

내일이 있기에
오늘의 부족함을 덮어주고
겨레의 아픔이 있기에
서로의 상처를 아무러 주고
고통과 가난이 있기에 힘찬 의지가 펼쳐지네.

6월
그대를 위하여

氣

그대를 만나기 전

그대를 만나기 전
저는 무척 외로웠어요

그대를 만나기 전
저는 먼곳에서 헤맸어요
무심한 세월을 한탄하며

그대를 만나기 전
꿈속에서 헤맸어요
그대 고운 맘을 찾기위해
그대 넓은 마음에 돛단배를 띄웠어요

긴 아픔의 터널을 걸으며
험한 가시밭길을 헤치며
그대 싱그러운 마음에 취했어요

가까운 곳에 그대를 두고
멀고 먼 곳에서
그대를 찾아 헤멨어요

폭포수 처럼 쏟아지던 말이
그대를 만나고
말문이 막히고 가슴이 답답하고
안타까운 마음에 속이 타 내렸어요

그대여 이제
마음의 창문을 열어주세요
닫힌 문뒤에서 긴세월 보낸
처참한 생명을 위하여.

水

그대와 함께라면

그토록 고달픈
멀고먼 낯선길이
그대와 함께라면
가벼운 산보처럼 발걸음 가벼웁고

영변에 피멍든 망울들이
그대와 함께라면
따스한 봄날 진달래 꽃 피우고

지게지고 먼산올라 한숨지던 산길에도
그대와 함께라면
아지랑이 속으로 손목잡아 걸어가고

쌓인 가슴의 긴 편지를 모아
종이배 만들어 버들닢 꽂아
그대 귓전에 들려 드리우리다

이토록 아름다운 강산에
그대 떠난 허전한 가을날
찬비만 나리는 추억의 골목을 거닐며

그대와 함께라면
마른 하늘에서 무지개 피어나고
먼산 흰구름이 꽃방석 깔아 주고
선남 선녀들 함께오라 손짓하며 흘러가네.

木

그대를 위한 기도

기도에는 보이지 않는 힘이 숨어 있습니다
기도에는 은은한 향기가 배어 있습니다
기도에는 무궁한 축복이 함께 합니다

그대를 위하여 이시간 경건하게 기도 드립니다

그대여 잠들지 못하고 긴밤 지새는 허망에서 깨어나
편안한 잠을 이루소서
그대여 고통에 괴로워 홀로 맘상해 하는 괴로움에서 벗어나소서
그대여 서러움 모두 걷어내고 희망찬 새날을 향해 환하게 웃으소서

그대 모든 고통에서 벗어나게 하소서, 고통은 적은 그릇에 많은
것을 담으려는 어리석음에서 비롯된 것입니다.
그대 홀가분한 마음으로 그릇을 키우소서

그대 모든 번민에서 벗어나게 하소서, 번민은 방향을 잡지 못하고
방황하는 마음에서 비롯되는 것입니다.
그대 한줄기 소나기 처럼 파란 들판에 뿌리소서.

木

그대 모든 나약함에서 벗어나게 하소서,나약함은 자신을 확신하지 못하고 미래를 불안하게 여기는 불정심에서 비롯되는 것입니다.
이제 강한 그대 키우소서.

그대 이루지 못하는 꿈을 원망하며 절망하지 마소서,
절망은 마지막이 아니옵고 예단하는 어리석음에서 비롯되는 것입니다.
절망을 희망으로 그리소서.

그대 건강하게 하소서, 건강은 자만하는데서 그르치는 것이오니 항상 조심하고 경계하옵소서. 그대 건강은 생명이요 복이며 삶의 기본이 되는 소중한 것입니다.

그대가 가는 곳마다 환희와 감동이 넘쳐나고 의로운 벗들이 치켜 세워주며 등을 두드려 드립니다.
우정에 보답하고 자신을 키워 남을 위해 일하소서.

그대 있는 곳마다 축복이 내리시고 생기가 넘쳐나며 젊음이 이어지고 기쁨이 충만하게 하소서. 그대 기쁨은 영혼의 그림자에 색칠을 하는 크레욘입니다.
사랑하는 그대여 내사랑을 받으시고
항상 부드럽고 다정하게 평생을 보내요.

얄미운 그대

가까이 있어도 그대 생생한 숨소리 들리지 않고
바라다 보아도 그대 감동의 눈동자 보이지 않고
넌지시 떠봐도 그대 태연자약하는 얄미운 그대

고이접어 아련한 사연으로 고운 편지 보내봐도
아름다운 장미꽃 향기 실어 좋은 마음을 드려도
조약돌 발로차며 바다향해 함성을 악악 지르면서

라인강 가에 외로히 쏟아지는 햇볕 등진 인어상이 되어
몽블랑 산정 하얀눈 흩날리는 별빛 등진 먹구름이 되어
그대를 한번 가까이 모셔보고 싶어 먼길 멀다않고 오니

그대는 정녕 불국사 무영탑 되어
백마강 빈배를 홀로 젓는 사공
아서라 내도 얄미운 그대를 잊으리

긴산 밝은달 가을밤 풀벌레소리 들려오는 피리소리
긴강 뱃사공 여름낮 송아지울음 들려오는 고향마을
소녀 그리움 설레임 아가씨마음 울먹이며 떠난그대
얄미운 그대.

土

그대를 위하여 (Ⅱ)

안개 걷히고 하늘이 푸르고 꽃이 피는 것은
그대를 위하여 봄이 오고 있기 때문입니다

비가 내리고 햇살이 따갑고 잎이 푸르른 것은
그대를 위하여 양식을 만들기 때문입니다

찬서리 내리고 벌판이 누렇고 열매가 영그는 것은
그대를 위하여 수확을 마련하기 때문입니다

눈이 내리고 찬바람 불고 얼음이 어는 것은
그대를 위하여 겨울이 쓰라린 상처를 감싸주기 위함입니다

별빛이 쏟아지고 강물이 흐르고 바다가 출렁이고
밤이 어둡고 산이 푸르고 계곡이 깊은 것은
그대를 위하여 마음의 휴식을 주기 위한 것입니다

배우고 익히고 시험에 대비하고 노력하며
땀흘려 일하고 아끼고 저축하고 모으는 것은
그대를 위하여 미래의 평안을 주기 위한 것입니다.

土

싸워서 이기고 경쟁에서 차지하고 승리하며
군대를 키우고 무기를 만들고 적을 무찌르는 것은
그대를 위하여 평화의 꽃씨를 심는 작목입니다

시간이 흐르고 우주가 팽창하고
삶이 끝나고 죽음이 기다리고
졸업, 실직, 이혼, 파약, 부도, 청산, 파산은
그대의 후손을 위하여 아름다운 희생을
보여주는 착한 사람들의 진솔한 그림입니다

그대를 위하여
우주식탁에 시간의 메뉴가 준비되어 있고
물질과 영혼, 보이는 세상과 보이지 않는 세상 까지도
우주와 신과 삼라만상이 그대만을 위하여
끊임없이 일하고 있습니다 지금도.

金

그대가 떠난자리

아침이슬 흠뻑 머금은 자운영 그득하게 피어난 넓은 논자락에
벌들이 웅웅 거리며 분주한 그곳에 추억이 묻어있어 찾아가 보니
그대 놀던자리 아련한데 그대는 보이지 않고 아직도 옛정만 남아
못다한 사랑이 그리워 차마 발길 돌리지 못하고 이슬털며 맴도네

냇가에 걸터앉아 두드리던 빨래 방망이 소리에 묻어나는 정감
긴밤 메아리 치는 호롱불 아래 처연하게 들려오든 다듬이 소리
산새 외로워 이나무 저가지 오가며 외로운 사나이 발길을 막네

큰공장 요란한 기계소리 멈춰 버린 법석대던 일터에는 고요가 남고
큰손 작은손 분주하게 드나들던 증권회사 객장에는 하염없는 담배연기

그대가 떠난자리 너무나 커 텅빈 객장엔 불안한 파란불이 깜박거려

어제:상경, 취직, 근무, 거래, 무역, 수출, 수입, 달러, 외국, 출장, 확대, 확장, 부채, 문어발, 복부인, 땅투기, 외상, 강경식, 해외여행, 먹자판, 호화분묘, 언어연수

金

오늘:부도, 화의신청, 주가폭락, 물가상승, 환율급등, 거래정지, 우왕좌왕, IMF, 강드쉬, 협상진행, 선거전, TV대담, 협상타결, 달러 도입, 정권교체, 기자회견, 각국반응, 전노사면, 불실은행정리, 구조조정

내일:물가인상, 유가인상, 거리한산, 공항한산, 수입축소, 수출확대, 근검절약, 국민화합, 4자회담, 남북교류, 문화교류, 문호개방, 시장경제, 실명제유보, 수입선다변화축소, 해외자금유입, 국제협력, 국민각성, 저축, 금융빅뱅, 대기업개편, 경쟁력향상, 국력신장, 국민화합, 민족화합, 남북통일.

그대가 떠난자리

너무 커

7월
구름속에 가린 그대

氣 7 그리고 일주일

水 물이 되어 흐르니

木 이끼가 거목되고

火 불에 타서 흙이 되고

土 흙으로 돌아가

陰 여자로 태어나서

氣

7 그리고 일주일

희로애락애오욕
그리고 7
음양오행 그리고 7
태극과 4괘 그리고 7
천지창조와 휴식 그리고 7

인간은 7속에 울고 웃으며
새로운 한 주일을 맞는다

수목화토금 해와 달로 한주일을 엮어
우주만물의 생성변화를 7로서 제하고,
무극이 태극이라 1+2=3에 4괘를 더하니
7로서 한주일을 벗 삼아 보내고,
6일동안 천지를 창조 마지막날 홀로
한주일로서 완성하고 인간 묶어 돌게 하셨더라.

태초에 至氣 혼원하여 억겁세월 흐르고
구름이 빗물되어 대지를 질타하고
생명의 전주곡 온세상을 환희로 펴
대지를 화장하고 흙이되어 그 터전 남겨두니

한울과 땅, 해와 달
손짓하여
거치른 대지위에
스스로 서게 되었더라.

水

물이 되어 흐르니

이른 아침 푸른 초원에 이슬로 맺히고
새하얀 양떼들 키워 우유가 되고
목마른 소녀의 젖가슴을 부풀게 하고
애절한 사랑에 눈물되어 흐르고

파란들 넉넉한 강
대지를 적시며 용암처럼 도도하게
물이 되어 흐르니
세상은 평화롭고 아름답다

백마강 낙화암 휘돌아 원혼을 달래고
남해로 동해로 더 넓은 태평양으로 나가
물이 되어 흐르니
천년 한을 못다하고 바다되어 머무는 듯

억겁을 뛰어 넘는 시간이 멈추고
저편 하늘에선 유성이 쏟아지는 별밤
우주엔 말없이 은하수가 흐르고
흔적도 없는 공간에는 정적이 맴도는데

水

블랙홀에 휘말려 형상이 으스러지고
시공을 씹어 드넓은 성단에 반향해도
한많은 사연들을 에너지로 환원시켜
영원으로 흐르는 물처럼 돌고 돌아

슬픈 그대를 위하여
아픈 사랑을 위하여
지친 고독을 달래며
흐르는 물처럼 또 다시

그대 곁을 차마 떠나지 못하고
천지를 휘잡아 어둠을 깔고 잠드는 너.

木

이끼가 거목 되고

먼 옛날 온 세상이 물질로만 가득차
신이 탄생 하기도전 더위와 추위가 번갈아 가며
움직이고 꿈틀거리고 뒤섞이고 소용돌이 치며
뭉치고 흩어지고 나누고 보태고 조화를 이루더니

물가에 파란 이끼가 생기기 시작 하였다

한줄기 선이 뼈대가 되고
가는선 옆에 붙어 빗살로 채우고
부채살 빈틈없이 바다처럼 메워
작은 잎새 천하를 머금어 허공에 뱉아

그대안에 만물이 생성하고
한울로써 한울을 먹이니 以天食天

잎새자라 가지되고
가지자라 줄기 되고
줄기 자라 나무가 되었더라

木

세월 흐르고 바람 저물어
가지 사이로 산새 찾아 들고
조용한 가지에 둥지 틀어 지세우며
알이 깨어 새가 나르니

이끼가 거목되고
수많은 생명이 놀다간 자리
사랑이 피어나고
평화가 잠든 전쟁터

이끼가 고목이 되는사이
탄생과 죽음이 뿌리에서 잎으로
돌고 돌아 낙엽이 눈처럼 쌓이고
처연한 만상이 번개속에 무상터라.

火

불에 타서 흙이 되고

아
내가
왜 사람이 되었나

그래
너는 커서
나무가 되고 푸르렀지

아무도
시비하지 않고
제멋데로 크도록 그냥 두었지

햇볕을
가리지 말아라
아우성치는 숲속 치열한 자리다툼

火

어깨를 마주대고
서로 엉키고 설키고 힘껏 버텨라
바람아 불어라 겨울바람아 세게 불어라

가지는 부딪치고
불이나고 모두 타서 흙이 되니
다시 평원에는 조용한 평화가 찾아들었더라

농부되어
이땅을 갈아 한평생 먹고살고
죽으면 불에 타서 다시 한줌의 흙으로 돌아가리.

土

흙으로 돌아가

모든것을 받아 주리
물이 있거든 고이게 하여 호수를 만들고
나무가 있거든 뿌리내려 열매 맺게 하리

그대 불타는 사랑도
흙으로 서서히 불길이 잡히고
검은 흙이 되어 비옥한 옥토가 되리니

땅속에 살리로다
지렁이며 두더지며 땅강아지까지
그 속에 키우고 살찌우고 잠 재우리라

땅위에서 살게 하리로다
오두막 집을 짓고 사랑을 나누고
정다운 사람끼리 흙으로 돌아가 편히 쉬게 하리라

土

흙으로 돌아가
번민의 도시를 떠나
치열한 경쟁을 떠나 조용히 살게 하리라

모두모두 받아주리라
돌아온 탕자여 어데서 왔느냐
출세하여 세상좁게 쏘다니더니
이제 겨우 태어난 고향을 찾아와
어머니 젖가슴같이 포근한 이땅을 찾았느냐

흙으로 돌아가
자연과 생명과 더불어
함께살며 흙의 벗이 되리로다.

陰

여자로 태어나서

용늪에서 태어나
우포늪에서 자라는 생명들

습하고 어둡고 낮은 곳으로
모이고 키우고 자라던 시절

땅이여 하늘을 잠재우고
바다여 고산준령을 부러워마라

물이여 흐르는 강물이여
타오르는 불을 부러워 마라

고요한 달빛아래
석양을 뿌려 토굴로 유인하여
거친 숨소리 잠재우고 무릎까지 꿇려
녹초를 만들어 버릇고쳐 한밤새고 나면
또다시 악으로 변하는 토종 제비 보내고

陰

생명을 잉태하고 자식을 키우고
내리사랑 모성애 젖뿌리 검어지고
여자로 태어나서 모진세월 귀향보내

행주치마 젖은손
자식의 그늘 햇볕 가리고
못난놈 먼저 보내 쓸쓸한 황혼

놈의 종, 눔에 어미, 며느리밑씻게 시집살이
주부안주인엄모실권장악시어머니할머니
몰래한사랑벼게송사합의이혼독신녀단독세대

野-음-思-母-
生-육-色-性-
花-욕-女-愛-

8월
태풍노도

氣 검은 바다

水 집중호우(Hard Rain)

木 분노와 야망

火 불꽃처럼

土 쓰러지는 고목

金 성난 파도

氣

검은 바다

검은 바다 위로
외로운 등대가 빛을 쏘아
밤배 서투른 어부의 밤길을 살피고

굉이갈매기 물고기 떼도
산호숲 조용한 둥지로 숨어들고
검은 하늘엔 은가루 뿌려 놓은 하늘 갯마을

아무것도 보여주기 싫은 바다
수줍은 바다밑 치맛자락 밑에 기는놈
해류는 층층이 딴길로 수맥처럼 수십만년을 흘러흘러

꿈틀거리는 땅속에서 이글거리는 불꽃
검은 옷자락 불길을 짓누르고
거친 파도로 제체기 하여 토해 내고 부채질하여

고이 잠든 님 꿈에서 깰까 바람으로 띄우고 마는 검은 바다

쏟아지는 별빛을 푸른 치마에 받아 별가루 뿌려주고
검은 바다는 밤의 친구되어 은하수 자장가 들으며
조용한 벗님들 푸근히 그리고 마음껏 쉬게 한다

검은 바다여
새 아침이 밝으면
파랗게 화장하고 환하게 웃어다오.

水

집중호우(Hard Rain)

태풍경보도 없어 호우경보도 무시한채
홀연히 지리산 계곡에 텐트를 치고
대연사 계곡에서 뱀사골에서 피아골에서
하룻밤 집중호우로 피서객 가족이 수장되고

포천에서 의정부에서 쏟아진 빗줄기에
송추유원지며 장흥놀이터가 숙대밭이 되고
중랑천이 넘실거려 지하철이 멈춰서고
경기북부가 물난리로 오돌오돌 떨고 있다.

수도 서울은 물의 도시인가
방송사들은 11시간을 텔레비젼중계로
온국민들에게 물난리 현장을 자랑하고
소양댐 충주댐을 가두고도 한강은 넘쳐나는데

수재의연금을 모으기도 전에
충청도라 보은읍이 수중도시로 변하고
상주지방 전남에도 폭우가 쉬지 않고 퍼부어
온나라는 온통 물난리에 한숨소리 높아지는데

水

대륙이라 중국에는 6,300킬로 양즈강이 범람하여
수천명이 죽어나고 네 번째 물마루가 성도 무한을
지나기도 전에 겁먹은 인민국 사령부는 강둑을 폭파하여
농토를 흑탕물로 휩쓸어 인류는 식량난을 걱정하는데

먼바다 남태평양 적도 바다위에
분노의 엘니뇨가 울분을 모아 먹구름을 장만하여
질곡의 대륙을 향하여 점령군을 보냈으니
라니냐가 이어받아 곳곳을 무차별 점령한 듯

지구촌 곳곳에선 물난리에 홍수에
가뭄에 굶어 죽고 수장되고 농토는 없어지고
속수무책인 인간들은 하늘만 원망하며
버릇을 못고치고 오늘도 발만 동동 구르더라.

木

분노와 야망

고요한 산속에도
파도소리 포구에도
텅빈공장 바닥에도

분노와 야망은 사라지고

먹고 먹히는
소리없는 전쟁이
시가전을 벌리고

죽음으로 항변하는 패자, 포식하고 뻗어버린 승자

질서를 파괴하고
큰것을 한탕하고
생명을 난도질하고

세상을 저주하며 비둘기떼를 몰살하고 살인질주로 한을 풀고
파란 달라 빌려 아궁이에 군불을 떼도장닭의 목을 비틀어도 온
다던 새벽은 끝내 고개를 돌렸다
타인의 죽음을 먹고사는
막가는 인생들
이제 그들을 위하여

분노를 잠재워라 야망을 걷우어라.

火

불꽃처럼

어설픈 가지에 성급하게 피어나는 꽃망울
6.25광풍에 부모형제 흩어진 참담한 역사의 검댕
어인 고집으로 그토록 기나긴 세월을 뭉게버리고

아서라 아직도 쓰라린 상처가 아물지 못하고
작열하던 광복의 깃발아래 암약하던 의인함께 나와
홍해가 갈라지듯 현해탄이 열리고 만나보자 동포여

머리에 큰 물동이를 이고 고집스레 버티는 백두산아
분화구가 말라 버린 백록담을 채워라 부어라 짐을 덜어라
원한의 삼팔철책선을 거두고 지하 땅굴을 메우고 나오라

민족의 가슴에 구멍을 내고 진달래꽃 피우면 뭐하리
OECD 가입하여 선진국 문턱에서 IMF 구제금융으로 불타고
장벽 헐어 독일은 통일하는데 우리는 중앙청 헐어내고 무얼하나

피어나라 아름다운 청순한 그대 새 꽃망울이여
자라나라 험산계곡 돌밑에서 밀어올리는 세찬 힘으로
강강 수월래 밝은 달아래 몰래 피는 박꽃처럼 함초롬히
삼수갑산에도 묘향산에도 8월이면 안개처럼 미궁으로 사라지고
태백산정 쑥돌속에 남아있는 민족의 저력이 저며 철쭉꽃 환하게 피우고
지리산에도 반달곰이 굴에서 나와 뱀사골이며 피아골에도 마냥 뛰놀고
부끄러운 여자의 산 한라산에도 흰사슴이 노루와 같이 풀잎 뜯으며
타는 불꽃처럼 피어나라 민족의 저력이여
한민족의 강인함이여 대한민국이여.

土

쓰러지는 고목

노들강변에 모여 징치고 꽹과리 치고
여의 나루에 뱃사공이 황포돗배를 띄우고
마포나루에 새우젓이 임금님에게 진상올려지던 태평성대에도
사육신의 절개가 피빛되어 끌려와 묻히는 한강변의 사연을 보았노라

임진왜란때 병자호란때
한일합방때 식민제국의 신음소리듣고
6.25전란에도 피난길 줄을 이어 아우성치는 함성소리
한강의 모래가 팔려 나가고 여의도에 의사당이 들어서던 시절도
보았노라

개미가 구멍을 내어
벌레들이 우글거려도 참고 견디고
캄플주사기로 삭신을 들쑤셔도 참고 기다린 고목
88올림픽때 외국관광객이 손짓하고 여유있게 지나감도 보았노라

土

새나라택시, 포니자동차
브리사, 프레스토, 멥시, 프라이드, 아반떼
소나타, 프린스, 크레도스, 코란도, 스타렉스, 봉고벤,
그랜져, 마르샤, 엔터프라이즈, 포텐샤, 체어맨, 삼성상용차 까지

여의나루 길가에 외로히 쓰러지는 고목은 모두 보았노라
숨막히는 나무들의 하소연소리는 외면하고 값비싼 승용차에 외제골프체
싣고 쏘다니며 희희락락 하고 몰려 다니는 군상들이
허겁지겁 딸라 빚에 허둥대는
모습들

마지막 입새하나
피우지 못하고 새봄이 찾아와도
그냥 그자리에 서서 쓰러지는 고목이 되어
한강의기적이 되살아나는지를 나무의 정령이 되어 들어 보겠노라

노들강변
쓰러지는 고목.

金

성난 파도

잠잠하고 고요한 바다가 있어
어부들 배띄워 생사를 함께하고
평온하고 자비로운 바다가 있어
누구에게나 포근한 연인이 되어주고

출렁이고 부딪히는 파도가 있어
꿈많은 어린이의 추억에 맴돌아
사랑하는 연인들을 짝지어 주는 노래

푸른 물결위에 바람이 불기 시작하여
뻘에서 조개줍던 과부댁 서둘러 발을 빼고
고기잡이 노부부는 뱃머리를 황급히 돌리는데

태풍경보가 내리고 폭우가 쏟아지고
성난파도가 되어 길잃은 어선을 삼키고
한많은 여인을 또 절망으로 내몰고 스치는 무법자

큰배가 좌초되고
유조선이 파괴되고
기름띠가 해안을 덮치고
양어장 그물은 찢어지고

삶의 터전을 잃은 어부는 망연자실하며 먼데 바다를 쏘아본다
파도여 잠자라
성난 파도여 잠들어라

일파만파에 시달린 구릿빛 이마에 새로운 계급장이 추가되고
바람이 지나기를 기다린 어부는 용왕님께 풍어제를 지내고
포구가에 쓰러져가는 어촌계는 고장난 저울을 발길로 걷어찬다.

거친 포구
성난 파도

9월
영글어 가는 우주

시간과 공간

긴긴 겨울밤 물레를 돌리며
실을 뽑아 꾸리에 감아 베틀에 걸고

씨줄과 날줄을 잡아 베짜던 처녀는
시간으로 공간을 짜는 천주직포

시간은
어디서 와서 어디로 가는가
공간은
어디서 시작하여 어디까지 가는가

시간 없는 공간
공간 없는 시간
시공이 어우러진 우주

인간이 없는 우주
우주가 없는 생명
시간보다 더 긴 인간의 집념
공간보다 더 넓은 인식의 울타리

氣

손수건 보다 좁은 공간에서
몇올을 헤메다가 사라지는 인간들
시간이 재워주고
공간이 키워주고

4U 1830-30 중성자별
시공의 왜곡으로도 꺾지 못하는 인간의 고집
겁없는 인간은 천상천하 유아독존이라고 우긴다.

人間
存在
宇宙

水

외로운 별자리

오리엔트의 바빌로니아 시대에 유목민 칼데아인들은 거친 들판을 양떼를 좇아다니며 밤이면 밤마다 별을 헤며 세월을 보냈다.
이집트인들은 나일강 가에서 페니키아인들은 지중해에서 밤하늘의 별들은 그때나 지금이나 반짝이고 있었다.
〈우라도메트리아〉 성도서(星圖書)에 51장의 별자리가 그려지고
황도, 북천, 남천, 88별자리가 정해지며 밤하늘에 별을 헤는
외로운 나그네의 꿈은 익어만갔다.

차가운 겨울밤
아무도 봐주지 않는 겨울별자리

겨울밤 옅은 은하수 물속에
그대를 위하여 유난히 빛나는

〈겨울 대삼각〉은 그대의 별
프로키온, 베텔기우스, 시리우스가
작은개자리, 오리온자리, 큰개자리에서 빛난다

水

그대를 위하여
유난히 빛나는 대 삼각안에
선뜻 눈에 띄지도 않는

외뿔소 자리의
일곱별이 숨어 있고
외뿔소 꼬리엔
외로운 별하나 가물거린다

그대를 위하여
외로운 그대를 위하여
〈비둘기자리〉의
외로운 별자리 하나를
나혼자 몰래 보아 두었습니다.

木

조용한 별

따스한 봄날
저녁 하늘을 보면
북두칠성이 북쪽 하늘높이 올라가고
α별과 β별 간격을 다섯걸음 걸어가면
북극성이 보인다

정북의 별
움직이지 않는 마음의 별
우리가 속한 우주의 본향
생명을 점지해 주던 신비의
별은 조용한데

북두칠성의 활처럼 휜
손잡이 방향을 따라
남쪽으로 조심스럽게 더듬어 가면

木

〈목자자리〉의
아르크투르스를 지나
〈처녀자리〉의 스피카에 이른다

그대의
아름다운 몸매같은
〈봄의 대곡선〉을 더듬으며

숨소리조차 들리지 않는
고요히 누워있는 〈처녀자리〉 발끝에
내 마음은 〈천칭자리〉에 머물러
바늘끝도 멈춰버린 α별이 되어
조용한 별빛을 그대에게 보내리라.

火

빛나는 별

시원한 여름밤
은하수가 위에서 아래로
폭포수처럼 흐르고

거문고 자리에서 빛나는
그대 직녀성이여

독수리 자리에서
은하수 건너서 그대만 바라보는
알타이로 견우성이 보이는가

364일을 그리며
그립고 외로운 우리 사이로
백조자리의 데네보별이 날아오며
〈여름밤의 대삼각〉을 이루나니

기다리던 칠석날밤
단 하루만 이라도
그대 별을 맞으리니
백조여 날개짓을 멈춰다오.

火

GRB 971214의
빛나는 별빛은
우주밖의 조명탄이 되어
120억 광년의 한울을 열어
새로운 빅뱅을 일으키고

나는 그대 빛나는 별빛을 보기 위해
120억 광년 후에 이곳에 태어나
새로운 천지가 개벽하는 모습 보았느니
태어나는 우주여 새로운 탄생으로
업보를 모르고 악연을 잊게하며
오로지 평화만이 전해지는
언어와 평화만이 전해지는

조용한
생명의 터전을 하나만 만들어 키워주렴.
빛나는 별이여
가여운 인류를 위하여.

十

별주머니

봄의 별주머니 속에는
큰곰이 살쾡이를 쫓아가고

여름밤 별주머니 안에는
백조가 견우직녀 사이로 날아들고

쓸쓸한 가을밤에는
페가소수의 사변형이
황도를 등지며

겨울밤 긴허리띠 은하수를 두고
〈겨울의 대삼각〉이 추워 보이는데

마젤란 대성운이
또다른 별주머니 되어
남쪽 하늘을 수놓아

고향떠난 나그네의
향수를 달래주고

그대여

이토록 예쁜주머니
그대에게 주려고
아무도 바라보지 않는
긴긴밤을 홀로 새며 간다오.

金

영글어 가는 우주

소우주라 칭하는
인간(人間)
그 인간들이 모여사는
지구(地球)

전쟁, 기아, 환경오염, 핵문제, IMF
과학과 기술로만 모든 문제를 해결하려는
뉴턴의 기계론적 세계관
자연도태를 외치는 다윈의 진화론자들이
망쳐놓은 지구에 지금 우리는 생명을 맡기고 있다

그대와
나
아니 우리의 후손들까지
2元으로
쪼개버린 서양철학이
음양조화론의
동양사상을 무시하고
망처버린 소우주

金

인간이라는 생명
생명과 우주
그 우주속에서 서서히
영글어 가는
우리

그대와 나의 사랑이
영글어 가는 계절
우리는 이제 생명을 위하여
전혀 새로운 인식이 필요하다.

악의 역사를 뭉게 블랙홀에 가두고
인류의 고난과 재난을 산산히 분해하여
영글어가는 축복된 우주 한 곳에
조용히 평화롭게 살아갈 한 뙈기 밭을
남겨 두어 지고지순한 선남자 선녀들이
별 빛에 목욕하고 고이 잠들 아담한
보금자리 한자리 남기고 가소서
영글어 가는 우주여!

10월
그대 있음에

氣

그대가 있기까지

무엇이 있었던가
그 자리에
그대가 있기까지

아무것도 없었다
그 자리에
그대가 있기까지

생명도 아닌 것이 화하여
물이 되어 흐르고
나무 되어 자라고
꿈틀거리고 기어다니고 뛰어다니고

참으로 묘한 기운이
감싸고 데우고 익히어
생명이 되어 보고 듣고
말하고 생각하고 움직이고

氣

참으로 묘한 생명이 마침내
벌레가 되고 짐승이 되고
두다리로 서는 인간이 되어

아무것도 없던 그자리에
그대가 지금 주인이 되어
이 세상을 호령하고 있다
그대가 있던 그자리에
다음엔 아무것도 없었다.

그대가 있기까지.

水

그대 부모가 되어

그대 부모가 되어
어릴적 받은
사랑의 무게를 헤아려 보라

그대 부모가 되어
철없는 울음의
뒷바라지를 채워 주어 보라

그대 부모가 되어
한없이 베푼 사랑의
허무함을 곱씹어 보라

생명을 얻은 기쁨
키우고 자라는 보람
스스로 떠나는 대견함

水

부모를 생각하는 효심
가문을 지키는 대들보
나라를 키우는 인재되어

그대 부모가 되어
일그러진 자화상을 고쳐
만세 후에 오는 착한이를 맞이한다면

후회도 회한도
포기도 탄식도
모두가 그대가 지은 업장인 것을

그대 부모가 되어
물 그림자 건져
사랑의 옷한벌 꿰메어 보라.

木

그대 있음에

그대 야무진 매무세 속에
감춰진 숨쉬는 피부
하얀 솜털이 고개 숙이고
찬바람 마다 않고 동행하며
그대 있음에
슬픔속에 기쁨으로 난초향기 그윽하며

메마른 가슴에 타오르는 불씨하나
비바람 태풍에도 꺼지지 않고
뭉게진 억장속에 갈대처럼 흔들려도
그대 있음에
새봄에 솟아나는 죽순처럼 거침이 없고

못생긴 돌팍위에 떨어진 빗방울
이끼낀 바위벽 타고내려 가는 뿌리 적셔
싸늘한 그대 마음에 장작불을 쳐질러도
그대 있음에
배추밭에 노랑나비 빨간 잠자리 우리 사랑

세상 인심 휑하여 길거리 한산하고
마술에 술취한 달러에 농락당한 겡제
어질고 착한백성 모두 떼거지 되어
IMF 낚시줄에 꿰인 오징어가 되어도
그대 있음에
행복한 나 하늘향해 큰소리 치고 싶다.

貨

일터에서

밤사이 자란풀이
곡식을 제치고 솟아 올라
벌판에서 농부의 일손을 바쁘게 하고

공장에 출근하여
기계소리 요란하여
수출품 쏟아져 생산직 손길이 바쁘고

데리바리 선적기일
L/C개설 무역금융
월급에 상여금에 연휴까지 겹쳐

새차뽑고 동해안 설악산
방콕 빠리 취리히 그랜드캐넌
오대양 육대주가 좁아 우주여행까지

썰물처럼 빠져나간 핫머니에
IMF한파 구제금융 정리해고
멈춘기계 네고금지 고금리 주가폭락

땀에 젖은 작업복 한벌이
귀국하는 외국인 근로자 가방에 들어가고
"안녕 우린 일자리 찾아 딴데로 갑니다."

(十)

노 숙 자(路宿者)

생존경쟁의 낙오자
차라리 풍찬노숙(風餐路宿)으로
무능한 가장의 굴레를 벗어던진 기막힌 선택

아이들 보기가 창피해서…
빈손으로 집에 들어갈 면목이 없어서…
정처없이 떠도는 부랑자(浮浪者)

직장에서 쫓겨나고 가정에서 밀려난
사회적 망명자
기쁨과 슬픔을 함께하던 가족조차 두려운 비겁자

언제나 위풍당당 했던 가장
왕년의 당당한 아버지
가장이란 특권만으로 군림하던 시절
군사부일체 효는 만덕의 으뜸이던 호시절

서울역 대합실의 실업자
무료급식소앞 지하도 계단에서
국밥으로 허기를 달래는 초라한 가장

土

식민제국 시대에도
탑골공원을 짓누른 함성
대한독립만세 부르던 장엄한 기개

지금은 다 어디 가고
IMF의 멍애를 짊어지고
파고다 후문옆 후미진 행열에 서서
밥한술 국한국자 기다리는 배고픈 현실

순환선 지하철을 열바퀴나
돌고도는 시간죽이기 실직자
새벽 인력시장을 찾는 막벌이 신세

꿈은 아스라히 사라지고
신문지면을 메우는 실직공포
가난을 물려받은 숙명적 세대

일장춘몽이 되어버린 국제화 세계화
뼈빠지게 일하여 가르친 자식
먼훗날 불행했던 세대를 잊고

처자식 거느리고
오손도손 편히 살겠지.

돌아온 그자리

소꿉친구들과 공놀이 하며 뛰놀던 놀이터
학생들과 공부하며 정든교실 배움의 모교
가난했던 부엌 비좁은 시골집 조용한 친정
돌아온 그자리

아침에 부산떨고 전철에 짓밟힌 출퇴근후
판매 세일즈 오다 계약 개발 약정고 계약고
회의 보고 분석 추진 실적 부진 질책 좌천
돌아온 그자리

청춘사업 사랑싸움 데이트 구애 프로포즈 신혼여행
부부싸움 성격차이 시각차이 세대차이 멀어진 별거
시집가고 장가가고 신접살림 분가 이사 핵가족 양로원
돌아온 그자리

초생달 상현달 보름달 하현달 그믐밤 눈섭달
아침 오전 정오 오후 해질무렵 초저녁 야밤 심야
입춘 단오 칠석 한가위 백중 상달 소한 대한 동지
돌아온 그자리

金

해가뜨고 달이지고 꽃피고 새가 울고 춘삼월 아지랑이
잎이나고 가지마다 주렁주렁 열매가 매달리고 먹구름 소나기
따스한 벌판마다 주황물결이 일고 곡식이 항아리에 채워지고
바람불고 눈내려 산천이 새 하얗게 벌판을 뒤덮어 마음을 비워

돌아온 그자리엔
옛정만 흔적없이 소용돌이치고 다시금 보고픈 님이랑 벗이랑
멀리간 생명들 떠나버린 주인들 개짖는 소리 한가하고 게으른 소울음
별빛 외로워 은하수로 흐르고 성급한 유성이 떼지어
밤하늘에 쏟아지는데

돌아온 그자리엔
정적만이 오직 나의 친구.

11월
그대 있음에

氣 영혼과 육신
水 생명의 저변
木 영혼의 번민
化 죽음의 미학
土 영혼아 쉬어가라
陰 영혼을 위하여
陽 영혼의 길

氣

영혼과 육신

그대 아름다운 생명을
그누가 저울대 위에
올려 놓고 분해하려 하는가

이토록 아름답게 살아 숨쉬는 육신
저토록 순수하게 홀로 널뛰는 영혼

하늘과 땅이 결합하여 생명을 내고
영혼과 육신이 결합하여 삶을 키우며

아버지는 뼈대를 주시고
어머니는 살을 주셨나니

나는 어디있고
나의 본향은 어디인고

氣

영혼은 육신으로 분장하여 나타나고
육신은 영혼을 숨기기 위하여 감추니
영육간에 숨바꼭질하는 생명의 빠꿈사리여

단지 죽음이라는 시한부 결합으로
계약결혼한 알량한 생명을 담보로
오늘도 영육을 모르는 철부지들은
천태만상으로 우후죽순처럼 잘난체하고
거미줄처럼 서로 얽혀 사회를 이루고
남이사 서러워 하건말건 세상을 등지고
하나씩 하나씩 외롭게 본향으로 되돌아가는

영혼
육신아 잘있거라
한동안 잘쓰고 버리고 나는 그냥 간데이.

水

생명의 저변

태초에 불에서 시작하여 물이 되고
물이 흐르고 흘러 생명을 채워주고
남은것이
불과 물사이에서 남은 것들
수증기, 구름, 얼음, 눈, 우박, 서리, 이슬,
뭉친것이
개울물, 시냇물, 여울물, 강물이
흘러서 바다가 되고

타고남은 것이
흙, 모래, 자갈, 수석, 돌, 바위, 암반,
뭉친것이 언덕, 동산, 앞산, 뒷산, 산맥이 되고

차마 다 타지 못하고 속으로
숨은 것이
용암, 마그마, 지진, 화산, 온천이 되고

水

바닷물은 짓누르고
마그마는 춤추다 땅거죽을 잡아 흔들고
성게는 보름 밤이면 산호와 함께
바다 밑에서 알을 쏟아낸다.

생명의 저변에서
말없이 움직이는 저 많은 것들
지금도 한 생명을 살리기 위하여
쉬지않고 끊임없이 소임을 다하고 있다

바람이면 바람,
별이면 별
햇빛이면 햇빛 달빛이면 달빛
모두가 생명을 위하여
그리고 그대를 위하여 일하고 있다.

木

영혼의 번민

영혼은 너무나 외로워
드넓은 우주를 헤메고 있다

1천년 전부터 헤메는 영혼
8백년 전부터 헤메는 영혼
500년 전부터 헤메는 영혼
단지 20년만에 짝을 찾는 영혼은
너무나 행복하여 천국에서 추방되고

생명들이 모여서 사는
이땅이 너무나 부러워
별빛도 햇볕도 달빛마져도
틈만나면 재각기 멋을 부리고 뽐낸다

단 하나의 육신을 얻기 위하여
죄인이건 병신이건 원수이건
가릴 필요도 없이 숙명적으로
영혼은 육신을 탐내고 있다

木

잊어라 망각하라
옛영광도 언어와 환희도
행복감 마져도 깡그리 잊지 못하는

멍청한 영혼은 영원히 땅을 밟지 못하고
구천을 헤메며 지나기는 달빛을 붙잡고
별빛에도 아양하며 오로지 토실한 육신을
넘보고 있다

고고한 영혼을 받아 숨쉬는 생명이여
그대의 삶이 비참하고 처절하더라도
하늘에서 헤메던 번민의 그때를 위하여
삶자체가 바로 행복 그대는 누리고 가거라.

化

죽음의 미학

되짐, 죽음, 死亡, 別世, 入寂
召天, 化天, 聖天, 昇天, 還元,

생명을 끝장내고 홀연히 떠나는가
아름다운 육신과 이혼하고
다시 기약없는 어둡고 험한 지옥에서
고통을 이기고 인고의 세월을

그대를 위하여
고독한 별빛에 그네타며 엿보다가
빗줄기 타고 내려 스며들어 한세상

부르심받고 떠나는 영혼,
다시 한울이 되기 위하여 하늘로
생명이전의 본향을 찾아
짧은이승 긴 저승 머물기 위하여

化

살아한번 죄를 짖고 버림받아 지옥행
평생토록 악을 행하고 천국티켓을 위해
새벽기도로 아부하던 믿음의 화신들
생명줄로 씨얻어 텃밭에 뿌려주고
제삿밥 흠향하는 귀신 되신 조상신들

너무나 공평한 저울이 있는 그곳에서
눈금없는 저울로 그대 선악의 무게를
달기 위하여 분주히 추를 고르고 있다

고통의 나날을 버리고 억울한 죄에서 벗어나
환희와 자유와 고고한 가치와 수많은 영령들과
정준 영혼 다시만나 하하하 죽음을 찬미하네.

그대 出世하여
이제야 別世上에 오는구만!

土

영혼아 쉬어가라

쉬어가라 영혼아

기댈곳 조차 없던 허공에서
번호표도 없이 무작정 기다림 속에서
아무도 자기편이라고는 없는 외로운 영혼아

쉬어가라

기댈 땅이 있고
숨쉬는 따뜻한 육신이 있고
행복의 보금자리와 정다운 가족이 있고

영혼아

아무리 추한 영혼이라도
육신이 포장하여 아름답게 감싸주고
비싼 옷에 좋은 가문에 멋진차에 태워
아름다운곳에 구경도 시켜주고 외롭지 않게 사귀고

土

쉬어가렴 영혼아

언제 또다시 이처럼 친절하고
야무지고 부지런하고 똑똑한 육신과 짝하여
별처럼 빛나고 달처럼 훤하고 햇빛처럼 영롱한
아름다운 천국에서 제왕처럼 제우스 신처럼 호령하며 살겠니

영혼아 푹 쉬어가라
천국이 따로 있나
예가 바로 천국이다.

陰

영혼을 위하여

보이지 않는 그대여
육신의 탈을쓰고
가증스럽게
망각의 세월을 속이고
천연덕 스럽게
거리를 활보하고 있구나

지명수배당하고 도망자였던 너
사람죽이고 남의 물건 빼앗았던 너
남의 유부녀 탐하고 소문없이 담넘어들던 너
친한 벗을 빠드리기 위하여 함정을 파던 너

덫을 놓아 호랑이며 반달곰이며
지리산 산신령까지 사기치고 죽인 너
성자의 탈을 쓰고 천국행 암표로
감언이설과 위장으로 중생을 등쳐먹고

陰

직위를 이용하여 아랫것들 호령하며
애간장을 녹이고도 속으로 미소짓던 너
음식에 독극물을 쳐발라 등골 빼먹고
막노동 일당직 저임금 탈세 횡령
근로자의 피땀 팔아 별장에서 정사하던 너

수돗물 벌컥벌컥 마시는 서민의 젖줄인
한강 상류 러브호텔에서 더러운 물 쏟아내고
천연덕 스럽게 고기먹고 이빨 쑤시며 거들먹거리던 너
뱀이고 굼뱅이고 귀여운 강아지까지 먹어치운 너

그대 불쌍하고 가련한 영혼이여
못난 생명 떠나기 전
이땅에 좋은일 하나 남기고 떠나다오.
영혼을 위하여.

陽

영혼의 길

축복받은 생명을 떠나
삶의 길목에서 방황하고
뒤늦은 후회와 회환에도 불구하고
덥썩 찾아온 죽음앞에 넋을 잃은 영혼

주검이라는 처참한 환상속에서
욕망과 거짓 허망된 삶의 외길에서 벗어나
이제 비로소 자기만이 가야할 오솔길 영혼의길
그길을 찾아 헤메던 수많은 영령들이 잠자는 곳은

공동묘지도 아니고
동작동국립묘지도 아니고
잠시빌린 외투를 벗어 던져 넋에게 주고
본래 가지고 왔던 불씨를 다 쓰지 못하고 남기고
가는 거룩하고 성스럽고 자비롭고 여유롭고 거짓없는 혼

陽

밀가루로 빵을 만들듯
쌀로 막걸리와 떡을 만들듯
영혼으로 정신을 만들고 애정을 키우고
하늘의 뜻을 받아 땅의 정기를 머금어 뿜어대면
의리요 도덕이요 용기며 정의와 행복인 것을 이제 누가

뉘라서 육신을 떠난 너를 붙잡고
역사를 바로 세우고 칼국수로 명예를 세우고
한국병을 고치고 국제화 세계화로 제국에 심장까지 맡기고
고질병 가득한 이땅에 축복을 나리기 위하여 나리시기 위하여
쓸만한 영혼을 하나 점지하시고 용감한 육신을 벗을 삼아 그대가슴에
찬란한 명예의 태극기를 대한민국 방방곡곡에 세워줄 사람 없나요?

그대
영혼의 길

12월
인동초 피는 날

어제 오늘 그리고 내일

역사 바로세우기, 신한국, 국제화, 세계화, OECD가입, 노동법파동, 전직대통령구속수감재판, 한보사태, 기아사태, 명예퇴직, 월드컵4회진출, 홍콩반환, 등소평사망, 다이애너사망, 데레사수녀소천, 김일성사망, 유훈통치, 고속전철착공, 성수대교붕괴, 삼풍백화점붕괴, 충주카페리호침몰, 구포열차사건, 격포어선침몰, 학원폭력, 노사분규, 정상회담결렬, 4자회담결렬, 분단국가, 조총련, 고정간첩고영복, 정태수, 황태자구속, 강릉간첩선, 황장엽, 엘리뇨재앙, 핫머니썰물, 환율폭등,
주가폭락, IMF충격, 모라토리엄위기, 입시과열, : **어제**

인동초, TV선거, 정리해고, 대량실업, 도강세, 신용등급하락, 국가신인도하락, 환율등락, 주가폭락, 대량부도, 정리해고, 대량실업, M/A, 고용보험, 무기명장기채권, 금융시장개방, 인수합병, 과잉살육, 협약준수, 철저한시장경제, : **오늘** : 투명한사회, 공기업의민영화, 구조조정, BIS자기자본비율, 마이너스성장, 물가상승, 마지막세일, 봉급삭감, 수입감소, 고통, 절망,

그리고 **來日** :
경쟁력강화, 구제금융실현, 환율안정, 물가안정, 금융시장안정, 고용안정, 직장복귀, 정신개혁, 정부긴축, 통화긴축, 작은정부, 민간주도, 고용보험, 무역수지흑자, 수입감소, 노사정대협약, 근검절약, 더큰세상, 희망, 조국통일, 세계평화, 인류평화.

水

五運六氣

木 火 土 金 水
風 寒 暑 濕 操 火

천지에 처음 氣가 흐르고
氣가 흘러 태극으로 化하고
태극은 음양을 낳고
음양이 하늘과 땅으로 나뉘어

음양은 다시 四象(사상)이 되고
하늘의 양은 땅의 음과 합하여 少陽이 되고
하늘의 양은 땅의 양과 합하여 太陽이 되고
땅의 음은 하늘의 양과 짝하여 少陰이 되고
땅의 음은 하늘의 음과 짝하여 太陰이 되니

소양은 봄의 기운 태양은 여름
소음은 가을의 기운 태음은 겨울되어
사상이 곧 사계절을 이루어 四時를 형성하고
사시가 번갈아 변환하고 모여서 형질을 갖추니

소양은 木이 되고, 태양은 火가 되고
소음은 金이 되고, 태음은 水가 되나니
천지간에 木火金水로 순환하여
삼라만상을 만드는 이치에 이르러

水

천지만물 중에
가장 신비스럽고 빼어난 것이 사람이니
사람은 곧 천지의 氣에 근본을 두고
사람의 형체나 심정도 모두 氣의 산물
사람을 다스린다는 것은 곧 氣의 다스림이요
이는 또한 宇宙(우주)를 다스린다는 것이니
사람이 먹는 것은 모두가 약이요 생명의 지혜더라

太虛 眞空 시절 無極(무극)이 있어
무극이 한번 변하여 택극이 되고 土가 되어
그 관성으로 밀려시 陰陽이라는 兩儀를 낳아
태극에서 스스로 음양이 되어 나오나니
사람의 몸 자체는 작은 자연이요 우주이며
삼라만상이 5운6기에 따라 운행하듯
木火土金水 5運과
바람불어 춥고 덥고 습하고 마르고 뜨거운
6氣의 기운이 합하여 생명을 키우고 지켜주는 섭리

오운과 육기의 만남은 운명을 결정 짓고
氣가 흐트러져 병이되고 바로잡아 건강을 세우니
마음이 곧 氣(기)리니
마땅히 마음으로 천하를 얻을 것이로다.

木

질서를 위하여

풍선속에 갇힌 시간
중력의 품에서 멤도는 행성
예측불가능한 변화의 우주가 있는한

태풍 폭우 뇌성벽력
홍수 산사태 침몰
지진 붕괴 화산의 폭발도
더 큰 질서를 위한 몸부림인데

씨앗이 움터 고목이 되기도 전에
알에서 깨어나 하늘을 날기도 전에
어미품에서 젖먹이로 버려진 생명들도
대자연의 질서를 위한 부득이한 아픔으로

병들어 시달리고 재난에 상실한 아픔
찢어지게 가난하고 장애로 불구가 되어
삶을 저주하는 처절한 기도소리가 하늘에 닿아도
응답이 없는 것은 가신성현들을 본보기로 삼은 증거이니

木

아픔과 고통과 무질서가 바다처럼 넘치는 오늘
윤리 도덕 정의 규범 법률 종교 군대가 중무장하고
정치 철학 사상 이념 주의 주장 이데올로기가 범람해도
인류의 질서는 요원하고 고통의 원성이 폭발하고 있는데

소리소문없이 그대는 모든 기도를 들어서 알고
원성과 원망과 신음소리조차 감각으로 알고
성급하고 조급한 인간들을 깨우치기 위하여
시간의 묘약으로 정성들여 약을 다리고 있다

사후약방문을 기다리다 지친 인간들은
자살 습격 폭동 전쟁을 동원하여
생명을 단축하고 고난의 골짜기로 내몰고 있다

질서를 위하여 인간들은
더 큰 질서의 범주를 인식할 필요가 있다.

和

입마춤

하나가 둘이된 보람
둘이서 하나되는 기쁨
귀여운 아이에게 엄마는 살며시 입마추고
사랑하는 내님에게 영혼은 입술로 하나된다

말조차 필요없는 그 순간
눈조차 차마 못뜨는 감동의 환희
싸움도 논리도 윤리조차 잠재우고
둘이는 몸으로 사랑을 독점한다

따스한 사랑의 언어와
짜릿한 감동의 순간은
입마춤 하나로 우주를 삼킨다

잊혀진 시간 무심한 방심에
쓰라린 상처로 고통주는 거친 혀
전쟁과 평화의 갈림길이된 입술과 혀

和

입마추어 보았느냐 싸늘하게 식은 주검에
미운사람, 추한사람, 병든자의 외로운 입술엔
고드름이 되어버린 애타는 사랑이 굳어있고
그대의 따스한 사랑의 입술은 애태우고 있는데
생명의 댐은 무너지고 추한 사람은 홍수로 덮친다

천지가 개벽할때
웃입술과 아랫입술이 입마추고
새 생명이 잉태할땐
내입술과 그대 입술이 입을 마춘다.

土

인동초 피는 날

인동초 하얗게 피어난 그날
그대 허전하고 춥거든 인동주를 마시고
여름이 덥거든 인동차를 마셔요.

인동초 꽃피워 연분홍으로 붉으면
그대 감기, 부스럼, 발열, 종기, 치질에
이꽃 따서 바르고 해독제로 쓰세요.

그대 위해 피어난 금은화(金銀花)
삭풍이 몰아치든 40년 기나긴 겨울
꽃망울로 얼어버린 세번의 매정한 봄

"겨울은 무척 길었습니다
봄은 오는듯 멀리가고
여명의 그날은 언제려나"

가시밭길 헤치고 그대 위해
인동초는
마침내 금은화로 활짝 피었습니다.

金

2000년을 보내며

천년의 시간
그 매듭위에 서있는
그대

구약 4000년
신약 2000년을 보내고
천년왕국으로 들어가고

구원자 예수께서
재림하신다던
서기 2000년을 보내며

천년왕국도
흐거조차 없이 그냥 지나가버린
허망한 그 마지막날 밤 꿈을 꾼 그대

시간도 공간도 구분없이
소용돌이 치는
혼돈의 시대가 한없이 가고

金

무거운건 가라앉고 가벼운건 떠서
한울안에서 하늘과 땅이 자리잡고
천지가 개벽하여 밤낮없이 비만 내리더니

높은 곳은 산이요 낮은 것은 바다라
이끼가 잎이되고 나무되어 덮어주니
미생물이 번식하여 바퀴벌레가 생기고

바다에는 물고기
산속에는 산짐승
뭍에는 닭우는 소리와 함께
먼동이 틀무렵 인간이 탄생하여

넓은 곳에 우주를 만들고
긴곳에 시간의 눈금을 긋고
관념속에 신을 창조하고
신발위에 정신밑에 갇혀서
천년 세월이 흘러도 깨지 못할
깊은 잠속에서 헤메더라.

終

닫는시

미래를 위하여

지나간건 과거
서있는건 현재
다가오는 미래

다시온 과거는 미래며
사라지는 순간만이 현재며
미래는 오로지

꿈을 가진자만의 무대며
저축한자만의 창고며
생명을 가진자만이 점유할 거처로다

내 존경하는 그대
내 사랑하는 그대
미래를 위하여 오늘
그 무엇을 준비 하였는가

사랑을 위하여
생명을 위하여
미래를 위하여.

終

닫는시

행복을 위하여

그대 무엇을 위하여 살아 왔느냐
힘겨운 경쟁 끝없는 순위 싸움
그때를 위하여 무엇을 준비 하였나
땀흘려 일할 고달픈 일터

혼자 태어나 같이갈 때
같이 거닐며 사랑할 때
그리운 사연 함께한 추억

힘찬 출발 벅찬 희망
세운 의지 누린 보람
굳은 맹세 나눈 사랑

산다는 것은 기막힌 현실
경제적 상실 병마의 고통
재난의 슬픔 장애의 설움

후회로 빚은 절망
고뇌로 엮은 좌절
버겁게 확보한 나의 삶

인류의 반은 행복을 위하여 살고
인류의 절반은 행복 때문에 죽는다.

서 평

새로운 생명과 사랑의 詩

조화훈 시인의 '지금 이곳'의 영혼을 위하여

문학평론가 이 병 헌
· 고려대 대학원 문학박사
· 대진대학교 국문학과 교수

12개의 장이 '1월'부터 '12월'까지의 소제목으로 구성되고 또 각각의 장은 氣, 水 ,木, 火, 土, 金의 시편들로 질서정연하게 짜여진 이 시집은 우주 자연의 순환의 섭리를 근본 틀로 삼고 있다. 우주의 질서 또는 대자연의 순환의 섭리를 시의 주제로 삼는 시인들은 당대의 현실과는 조금 떨어진 위치에 서서 자연을 찬미하거나 자연에 순응하는 삶의 태도를 그리는 경우가 대부분이다. 따라서 그들의 작품에 도교적 세계관이 엿보이는 것 또한 자연스러운 일이다. 조화훈 시인의 이 시집에도 그러한 면이 나타나 있다. 그러나 이 시집의 경우는 특이하게도 시적 화자의 시선의 초점이 오히려 '지금 이곳'의 핍진한 현실에 맞추어져 있다.

우주 자연의 순환의 질서와 IMF한파, 인동초, 정권 교체, 분단 현실 등이 어울려 짜내는 미묘한 조성의 피륙을 통해 우리는 바로 이 시집이 독자들에게 전하는 특별한 질감을 느낄 수 있다. 이 시집에 등장하는 '그대'가 "나와의 사랑을 위하여 / 위대한 탄생으로 세상을 열었다"([사랑을 위하여])는 언급이나 그대가 "주변에서 벗어나 중심이 되시고 / 중심에 한문화를 꽃피우시되"([21세기를 열며])라고 기원하는 데서 우리는 이 시인의 연모의 대상이 구체적인 모습으로 떠오름을 느끼게 된다. 그러나 한편 조화훈시인은 "나는 그대 빛나는 별빛을 보기 위해 / 120억 광년 후에 이곳에 태어나 / 새로운 천지가 개벽하는 모습 보았느니 / (중략) / 언어와 평화만이 전해지는 // 조용한 / 생명의 터전을 하나만 만들어 키워주렴"([빛나는 별]) 이라고하여 시공을 초월한 상상력을 드러내는 동시에 구체적인 '그대'에 의해 한정되는 '우리 나라'를 벗어나 전 지구를 대상으로 하는 인류애를 보여줌으로써 우리의 기대에 값하는 시적 성취를 또한 보여주고 있다.

조화훈 시인에게 있어서 지구는 다윈의 진화론자들이 망쳐놓은 것이며 음양조화론을 무시한 서양철학이 망쳐놓은 것이다. 그는 지금은 "그대와 나의 사랑이 / 영글어가는 계절"로서 "우리는 이제 생명을 위하여 / 전혀 새로운 인식이 필요"([영글어가는 우주])한 / 시점에 도달해 있는 것으로 인식한다. 이러한

사고는 "영혼아 푹 쉬어가라 / 천국이 따로 있나 / 예가 바로 천국이다"([영혼아 쉬어가라])라는 식의, 현실에 뿌리를 둔 전통적인 동양의 사상과 일견 어긋나는 듯하다. 그러나 천지 만물의 운행을 주재하는 우주 자연의 질서가 '지금 이곳'의 현실에 집중되면서 궁극적인 조화를 이루고 있다고 그는 믿고 있다. 따라서 독자들의 섣부른 추단을 벗어나 이 시집 {그대를 위하여}에서는 이들 사상 간의 믿기지 않는 결합이 시인의 독특한 상상력을 통해 이루어지고 있다. 우리는 거대한 우주와 그 운행의 질서, 그리고 그것을 현실과 조화시키는 이 시인의 상상력의 자유로운 전개를 보고 놀라지 않을 수 없다.

歲月(세월) • (神話(신화)의 眞實(진실))

인간은 공연히 시간을 저축하여
세월을 만들고 괴로워 한다

인간은 공연히 세월을 저축하여
신화를 만들고 못믿어 한다

시간은 기다려 주지 않으며
세월은 결코 헛되이 흐르지 않고
신화는 스스로 거짓을 말하지 않는다

인간의 상상력으로 지어낸
언어와 공식과 법칙과 윤리는
항상 오차값을 저축하여 되돌려 준다

정치는 흔들리며 평화는 깨지고
윤리는 타락하고 종교는 미혹하며
신은 언제나 비웃는다

생명은 언제나 번민하고 육신은 결국은 파멸하고
정신은 마침내 흩어진다

인간은 언제나 인간일 뿐, 인간의 한계를 벗어나지 못한다

인간은 지키지 못할 법을 만들고, 지키지못할 나라를 세우고
소유하지 못할 땅에 등기를 친다
인간은 지키지 못할 약속을 하고 후회한다
세월이 신화를 머금었다, 인간에게 거울로 비추인다.

趙和勳(조화훈)

字(자): 銀民(은민), 號(호): 德谷(덕곡), 天道教(천도교) 道號(도호) : 然菴(연암)

작가의 말

독자에게 드리는 마음의 선물

'詩란 말장난에 불과하며 난해하여 도무지 재미가 없다'는 편견에 사로잡힌 제가 감히 시집을 내게된 연유는 이렇습니다.

오로지 자기만을 위하여 살아온 삶은 남을 위하는 배려가 부족하고 늘 불만과 불안한 시간의 연속이었다고 봅니다. 그러나 이제 인생이란 자기 삶이 중요하듯이 남(그대)의 삶에 대한 배려도 중요함을 알게 되면서 제가 남에게 베풀수 있는 지극히 제한된 공간 속에서 고뇌하기 시작하였습니다.

삶에 지친 수많은 이웃에게 아주 작은 마음의 선물이라도 보내고 싶다는 지극히 소박한 심정에서 詩야말로 가난한 제가 〈그대를 위하여〉 베풀수 있는 최소한의 매체라는 것을 깨달은 것은 어리석게도 50을 전후하여서 입니다.

참으로 긴 세월 우리 인류는 지배자로부터 삶을 강요당하는 비극의 역사를 마감하고 잠시 자유와 재량을 얻은 국민의 방종으로 자만의 덫에 걸려버린 우리와 아직도 자유를 얻지 못하는 인민이 살아 숨쉬는 참담한 공간을 줄다리기 하는 안타까운 현실에서 우리는 뭔가 새로운 마음의 준비가 필요한 때라고 봅니다. 소신껏 살아온 삶의 결과가 IMF라는 덫에 걸리고만 세기말의 비극적 상황에서 탈출하기 위하여 이제 우리는 스스로 돕는다는 각오로 역사적 주인공이 되어야 한다고 생각합니다.

고난의 천년을 마감하고 희망의 2천년을 맞이하는 우리 스스로가 이제 우리를 구할수 있는 역사의 주인공임을 깨달아야 할 시점에 도달했다고 봅니다.

새역사를 일으켜 세울 그대를 위하여 여기 조그만 제 마음의 약초를 정성으로 묶었사오니 부디 보약으로 쓰시기 바랍니다.

그대를 위하여 거대한 우주 전체가 총동원된 상황을 자부심으로 이해하시고 그대 이제는 용기를 내어 이 나라를 구하고 민족의 화해를 주선하는 힘찬 삶의 주인공이 되시기를 간절히 기원하는 바입니다.

1998년 8월 15일 새벽 4시 미명에
然菴 趙 和 勳 모심(侍)

지능, 신기교육 주산문제
숫자와주판의 만남 상(11급수준)
숫자와주판의 만남 하(10급수준)
숫자와주판의 만남 숙달1단계(7급)
숫자와주판의 만남 숙달2단계(6급)
기초주산교본 상(9급)
기초주산교본 하(9급)
정통주산문제연습장 7급(8절)
정통주산문제연습장 6급(8절)
정통주산문제연습장 5급(8절)
정통주산문제연습장 4급(8절)
◆ 영어 첫걸음 / 회화 / 영문법
영어회화 1~2
어린이영어 첫걸음, 1, 2, 3단계
패스 기초 영문법
영어를 한글같이 발음첫걸음 1~2
별님이 영어 1, 2, 3단계
상상大로
수학에 퐁당 1~5
한글에 퐁당 1~5
한글 쓰기에 퐁당 1~5
상상大로 월간학습프로그램
월간 한글 배움배움 4세, 5세, 6세, 7세 (3월~2월) 매월 8개씩 카드 포함
월간 수학 배움배움 4세, 5세, 6세, 7세 (3월~2월) 매월 8개씩 카드 포함
상상大로 나만의 동화책 만들기
(생일) 오늘은 내가 주인공
(생일) 오늘이 내 생일이야
(생일) 오늘도 사랑받고 있는 나
(종업) 안녕? 내 친구
(종업) 즐거운 원생활
(종업) 행복한 친구들
※ 아이들의 사진과 글이 담긴 특별한 동화책입니다.

푸른잔디 연간 프로그램
러닝 투게더 병아리반 (언어인지 10권/수리탐구 10권)
러닝 투게더 영아반 (언어인지 10권/수리탐구 10권)
러닝 투게더 유아반 (언어인지 10권/수리탐구 10권)
러닝 투게더 유치반 (언어인지 10권/수리탐구 10권)
베이스 캠프 기초반 놀이캠프 4권/미술캠프 2권/ 퍼즐(대-4종/소-4종)/ 그림카드 38장
베이스 캠프 병아리반 의사소통 10권/수리탐구 10권/ 예술경험 2권/과학탐구 2권/ 그림카드 48장
베이스 캠프 영아반 의사소통 12권/수리탐구 12권/ 예술경험 2권/과학탐구 2권/ 그림카드 64장
베이스 캠프 유아반 의사소통 10권/수리탐구 10권/ 예술경험 2권/8급 한자 2권
베이스 캠프 유치반 의사소통 12권/수리탐구 12권/ 예술경험 2권/8급한자 2권
푸른잔디 단계별 프로그램
스토리텔링 학습으로 배우는 한글캠프 1~7권, 1학년
스토리텔링 학습으로 배우는 수학캠프 1~7권, 1학년
푸른한글 1~7단계
푸른수학 1~7단계
봉봉 드로잉북 1~6권
푸른잔디 미술
러닝 투게더 미술 초급 4권
러닝 투게더 미술 중급 4권
러닝 투게더 미술 고급 4권
푸른잔디 가베
러닝 투게더 프뢰벨의 가베 A단계 10권
러닝 투게더 프뢰벨의 가베 B단계 10권
러닝 투게더 프뢰벨의 가베 C단계 10권
러닝 투게더 프뢰벨의 가베 D단계 10권

푸른잔디 월간 프로그램
아이러브 시리즈 A단계 한글 20권, 수학 20권
아이러브 시리즈 B단계 한글 20권, 수학 20권
아이러브 시리즈 C단계 한글 20권, 수학 20권
아이러브 시리즈 D단계 한글 20권, 수학 20권
기타 / 단행본
피카소는 내친구 1~5단계
창의 또래마당 1~4
미술은 내친구 1~6단계
미술이 좋아요 1,2,3
미술이 신나요 1,2,3
손유희로 꾸며본 성경이야기
손유희 성경이야기 Tape
손유희 창작구연동화
손유희 창작구연동화 Tape
말거리 365 웅변원고
천재여 일어나라
컴퓨터 한자사전 (CD포함)
미용학 사전
헤어 어드벤처
세계를 품은 아이
사전 (졸업선물)
초등학교 새국어사전(양장본)
초등학교 새국어사전(칼라판)
초등학교 새영어사전
도감 (졸업선물)
숲체험현장(동,식물,곤충도감)
아! 꽃이다
아! 공룡이다
화훼 학습자료
어린이 동물도감
어린이 동식물도감
- 기타 단행본 안내 - 반딧불이, 한결미디어 등 각종출판사 약 1,000종